JN008092

胸キュンの教科書

名作ドラマ／映画の作り方と読み方

柿谷浩一
Kouichi
Kakitani

宝島社

はじめに

いつになったら「胸キュン」に関する本は出るのだろう……。

テレビドラマでも映画でも、作品紹介やキャッチコピーに「胸キュン」の言葉があふれる。視聴者のＳＮＳの感想などでも「キュン」をあちこちで見かける。それぐらい、現代は〈胸キュンの時代〉だ。にもかかわらず「胸キュン」に関するまとまった一冊、これぞ入門という一冊がない。これはどうしたことか。そう最初に感じたのは、もう数年前だ。

複数の大学で「胸キュン作品」を題材に、ドラマや映画を分析する講義を担当したとき。授業作りで予習の意味でも入門書を探した。でも、なかった。そのときは、これからそういうものがどんどん出るだろう、ぐらいだった。しかし年（度）を重ねるたび、それが自分の問題に留まらないことに気づいてきた。

講義の履修生からは「何かいい参考文献はないですか」の質問が、折々やってくる。知る限りで「残念ながら、これというのがないんです」と答えて、逆に「何かいいものがあったら教えてね」と何度話しただろう。それだけなら、教室のなかのことに過ぎない。しかし、次第に講義の反響が口伝いに外に出ていく頃になると（ネットで講義情報を知る人もぽつぽつ現れてくると）、面識のない遠くの学生からも「卒論のテーマ」で扱いたいので参考書を教えてほしい、というメッセージももらうようになった。それでも格好の論考は紹介できない。そんな歯がゆい想いを感じて、はや数年が経った。まだ時々メールが届くぐらいだから、状況は大きく変わらない様子だ。

流行と話題性からいえば、「胸キュン論」的なものが乱立しても不思議ではない。でも現状はまったく逆。もちろん関連書籍が皆無というわけではない。胸キュン作品には、漫画原作が多い。定番アクションなども、少女漫画からの輸入や派生も多い。その点、漫画に関する書籍や論考は、現代ドラマなどに比べれば充実していて、そこに胸キュンに関する記述を見つけられなくもない。しかしあくまで漫画の解説・分析なため、実写作品に照らすと、当てはまらいことや不足も多く、直接参考になる格好なものは少ない感じだ。

では、なぜ〈胸キュン時代〉なのに、胸キュンを打ち出したまとまった考察があまり出てこないのだろう。その背景には、幾つかの〝厄介〟が関係している。

一つは「胸キュン」の拡大。言葉が広まりすぎて、また用語と概念が便利なために、誰でも気軽に使える。そんななかで「胸キュン」が当たり前になりすぎてしまった。最初の流行ピークをとうに通り過ぎて、今ではすっかり大衆化したような状態。そのため、基本性や実体について〈考える＝言葉にする〉機会を逸した。そんななか「胸キュン」を扱うのは、〝今更〟感がただよう。タイミングがなかったわけでは決してない。むしろ、たくさんあったがやり過ごしてきた。いや正確にいえば、譲ってきた。あまりに流行が急速すぎたこと。しかも漫画とのリンクが強いコンテンツ・ジャンルであること。そのなかで、漫画やサブカルチャーの側に「基本の整理」や「基礎作品の紹介」をふくめ、すべき〝任〟を預けてきた部分もあった。

もう一つ厄介なのは、そうした事情にあまり疑問を感じないことだ。要因は「コラム」や「ニュース」のネット記事が、ドラマなら毎話のように出るメディア状況。嫌というほど出る。しかもその多くが、視聴者の反響をトピックにするため、どんな種類か質かを問わず、便利なワードとして「胸キュン」の見出しが入った記事が続く。その洪水のなかで、文化的には「胸キュン」を日々扱って考えているような錯覚と空気感がある。それが「胸キュン」を考える必要性を見えにくくしている。

さらに厄介なのは、いまのことにもつながるが、どこかで「胸キュン」がわかりやすいものと認識して〈理解した気〉でいること。本書でいえば「壁ドン」の章などは、作品分析をしつつ、長めに基礎解説した。そこを読めば分かるだろうが、定番的なアクションやシチュエーションほど、イメージはあっても、細かな動作パターンやその効果について、あまり知らないままやり過ごしている。

　詳しく知らないことが悪いわけではない。むしろ流行、それも胸キュンのような反応的なものは、〝何となく流せる〟カジュアルさもふくめて愉しい。だから、多くの人々に親しまれるポップカルチャーたりえる。その点、知らないままでもいい。そういう考えもありうるだろう。

　でも、ぼくはそうは思わない。「胸キュン作品」に関心ある視聴者、あるいはラブストーリーが好きな人は、恋バナのように〝あーだこーだ〟ともっと誰かと語りたいはず。実際、その一端がＳＮＳの賑わいとなっているのだろう。そしてそこには、ただ〝キャー〟と一人声をあげるだけじゃなく、「何にどうキュンとしたか」という深い感想の共有や対話もふくまれるはずだ。

　そうしたなか、強く思うのだ。何かしら〝入口〟となる一冊はあるべきじゃないか、と。そうした本は、いつになったら出るのだろう……。そんなことを考え、ぼやく時間があれば、一つ書いてしまおう。ということで、本書が生まれた。

　本書は、作品に即しながら、シーンやアクション、キャラクターやストーリー展開の分析から、「胸キュン」といったらコレという基本をおさえつつ、その具体的な手法・応用例を見ていくというもの。理解したつもりでいる「胸キュン」の王道を確認しつつ、もう一歩進んで「胸キュンの原理」とでも言える、キュンが〈生まれ＝感じる〉場所の作られ方、そこで起こっている演出や効果を、さまざま一緒に味わい直す試みだ。扱う作品は、テレビドラマと映画の実写に限った。

　構成としては、基本的な問題意識を示した「イントロ」、そのあとに「キャラクター」「モチーフ」「テーマ」の三つに便宜的に分け、19作品を軸に考察を置いた。読み切りスタイルなので、どこから読んでも自由。興味ある作品からでも、気になるキーワードからでも、つまみ読みしてもらえればいい。方針としては、あくまで胸キュンの名作（と評価できるもの）を実際に〝批評的に分析〟しながら、解説すること（「作品案内」になることも考えてだ）を基本とした。そしてシーン分析にこだわり、作品を知らない人でも「名シーン」を味わえるよう心がけた。その都度キーワードを説明するスタイルのため、事典的な感じはない。その分「作品を読み解く」面白さや「分析」の醍醐味は、たっぷり詰まっている。
ひどく軽々しくはしなかった。でも学術的な用語などは一切使ってない。文献を引くことも、あえてしなかった。視聴者が作品を観たり、作り手が一から物語を作るのと同じように、自分の目と視点を大切に〝素手〟で作品にぶつかった。入門的一冊を心がけながらも、そんな意味では「ドラマ・映画評」としての愉しみ方や、「平成の胸キュン作品」を見渡す面白さもあるだろう。

そして、他のどんなジャンルとも違って、胸キュン作品を語るとき、それを言葉にするとき、キュンとする生の感覚や経験が見えない読み物はつまらない。それは反応を元にした「胸キュン」の本質からも、離れてしまう。そのため、どの章も「どう胸キュンが作られているか」「どうしてそこにキュンを感じるのか」、その〝根拠〟を作品のなかに探して掘り下げつつも、キュンと感じるときの〝熱〟は所々残して失わないように書いた。だから、ちょっと自分本位な文章や、勢いに任せた言葉や流れもあるかもしれない。でもそれでいい、それがいい。真面目だけれど、キュンの感覚は失わず、だ。

この一冊が、あなたの胸キュンを考える「きっかけ」や「たたき台」になればと願っている。そんなシンプルな想いがすべて。そこに、作品の視聴者はもちろん、胸キュンを考えてみたい方、シーンを深く観るのが愉しい方、あるいは作り手になろうという方も、広くふくまれたら素敵だ。

本書のきっかけの一つは大学の講義。そのエッセンスも入れた〈講義の再現〉的なことも一部意識したが、原則オリジナルの書き下ろし。ではレッスンを始めますね。

CONTENTS

第2章 モチーフ論

第3章 ストーリー論

構成協力 高井くらら
カバーイラスト 斎田千洋
ブックデザイン 喜來詩織
DTP担当 川瀬誠
編集 佐川月花（宝島社）

イントロダクション

まず《胸キュン》とは何なのか。知っているようで知らない、胸キュンの基礎や向き合い方について学んでいきましょう。

イントロダクション

――胸キュンを「反応」ですますな！「消費」して流すな！ちょっと立ち止まって。そこには、人物の複雑な恋心と、作り手（と役者）の「作り込み」がある。

「胸キュン」って何？

《胸キュン》とは何か。辞書的な意味でいうと「胸がキュンとする」ことで、対象に対して、ときめいてドキドキしたり、胸をしめつけられる。そうした〝心の動き〟やその様態を指す。本書でいえば、恋愛作品のストーリーを始め、人物の恋模様、そこでのさまざまな恋心、愛情表現など。より具体的には、**それらを描いたシーンや台詞、アクションや仕草、あるいは、人物の外貌やキャラクターに対して湧き起こる、視聴者の反応や感情のこと。**

その種類を大きく分けると三つ。「興奮や緊張を伴うドキドキ」と「ノスタルジーや哀感を伴う切なさ」、それと別に、恋愛に限らずペットなどへ向けるような「尊く愛おしい愛着感」もある。その時々に感じるキュンが、どれかにぴったり当てはまって分類できるというよりは、その複数が重なっていることも少なくない。〝ドキドキするけれど切ない〟のように。恋愛にともなう心情が、決してわかりやすく「一言」で取り出せないのと同様に、《胸キュン》も複雑な心情と運動なのだ。

　そうした《胸キュン》の用語と形容（くくり）が一気に増加して、本格的に流行化したのは、２０１０年代に入ってから。その前半には、少女漫画を原作とするドラマ・映画が次々と量産されて、〝胸キュンブーム〟のような盛り上がりをみせた。その前から《胸キュン》的な性格を持つラブストーリーはもちろんあった。だが、それを謳《うた》い文句にした作品や消費が、目に見えて目立ってきたのはこの辺り。「漫画」からの実写化の波を汲んだ流行だった。

　作品の特色としては（諸説あるが）、さまざまなシチュエーションや設定で恋愛を描きつつも、ある〝恋愛の局面〟で「現実ではありえない」「フィクションの世界でしか起こりえない」ようなアクションや身ぶり、状況などを織り込んで、視聴者の感情を揺さぶり〝反応〟させる。そうした〝見せ所〟がわかりやすく用意されている。特にキラキラしたラブシーンで、視聴者をキュンとさせる、フィクション感をふんだんに活用したモチーフや演出を作り手が入れ込む。そうして作られたラブストーリー。これが《胸キュン作品》の基本で、流行期はその色が顕著な作品が多かった。

そうしたなかで、《胸キュン》の概念や用語は拡張していき、使われ方の幅も広がっていった。指し示す対象作品も、ティーン世代をターゲットにした作品から、過去の作品もふくめ、従来の恋愛作品やラブストーリー全般に、《胸キュン》は広く用いられるようになった。現在では「サブジャンル」の一つとして確立し、認知された感じで、恋愛作品と重なるようなかたちでイメージされ、使われている印象が強い。

「胸キュン」をわかった気にしない!

《胸キュン》なんてわかりやすいじゃん、と、もし感じている人がいるなら、問いかけてみたい。視聴者はいったい何に、どのように《胸キュン》しているのだろうか。もっと具体的にいえば「胸キュンシーン」と呼ばれるものの条件は何だろう。どんな作り方をしていれば、何があれば、キュンとするのだろう。それを腰を据えて真剣に考えた経験のある人は、おそらく少ないはずだ。多くの人はそんな機会にもぶつからない。いや、そんな暇などないぐらい《胸キュン》を、良く言えば「拡大拡張」させながら、悪く言えば「大雑把」に扱いながら、当たり前のようにその言葉を発して、受け取り、消費していっている。人によって、作品によって、キュンとする対象やポイント、その感じ方はまちまちなはずなのに、ある一定の〝共通イメージ〟と〝大衆理解〟がある、でも、それがどういうものなのかについて、特別、疑問をあまり持たない。

それが決して悪いわけじゃない。むしろ《胸キュン》の根本は、対象を観て「キュン」とする〝反応〟に他ならない。それはリアクションで一時的に消費される、（後で振り返ることもできるが）〝現れては消え、消えては現れ〟を繰り返す「現象」だ。だから、それが何だったのか、その実体はどこにあるのかを、いちいち立ち止まって確認することのほうが、むしろ不自然かもしれない。

でも「現象」だからこそ、面白いのだ。そして流してはいけない。現象には、それが生じる背景や土台、またその事象自体を構成するさまざまなもの――そうした色々な要素があって、それらが複合的に絡み合った〝構造〟が必ずある。目で見てわかるものも、無意識で感じとるものも色々ふくめて。それが大事なのだ。

もう少し具体的にいうと、**《胸キュン》はある一つのアクション、あるシチュエーションだけで生まれるわけでは決してない。**例えば「キス」があったとして、それがどれだけ濃厚で刺激的でも、その部分だけをとって、キュンとするわけじゃない。それでいいのなら《胸キュン》は誰にでも簡単に作れてしまうし、すぐ飽きるはず。誰もここまで日々話題や反応にもしない。でもそうじゃなく、もっと〝深い〟ものだからこそ魅力的で、これだけ流行になりえているのだ。

胸キュンは「ある」んじゃなくて、「現象」するもの

《胸キュン》の深みや厚みは、その場面その瞬間だけで出来るものではなくて、前後の場面やムードの転換、台詞との関わり、無意識をふくむ心情や心境の変化。またそれまで描かれてきた人物のキャラクター、ストーリー、展開、一見つながりがないように見える遠くのシーンとの対比や重なりなど……。それらが絡み合って生み出される。そこにポンと存在してあるのではない。言い方をかえれば、**《点》としてではなく、《線》や《面》として作られるということだ。**どんなに一つの動作だったり、その場限りの一瞬の出来事に見えても、それは必ず何かしら、その映像にある何か、またそこまでに描かれているものたちによって、生み出されている。それをひも解けば《胸キュン》が何なのか、何に特別なキュンとする感情を抱くのかがわかる。そうでなくても、その重要なヒントと手がか

りがつかめる。

それが見えてくると、作品を観るときも、もっと広い視野と深い視点で、そのときにあなたが感じた《胸キュン》を理解できるようになる。そうすれば、ドラマなり映画が好きな人ならば、友人などと語る時も「キャー！」だけではなく、より整った説明もできて、深い共感・共鳴だって生まれる。そして、もし作品を卒論やレポートにしたい大学生なら、それは研究の第一歩にもなるだろうし、実際に何らかのかたちで作品作りに関わりたいと思っているなら、あなたの制作にも活かせるはずだ。

「胸キュン」の深み

そんなことを偉そうに語るぼくは、元々は文学の研究者（と一応はなっている）。作家の年譜や注なんてものも作っている。しかし、とあるきっかけからテレビドラマに、一気に仕事のベクトルを傾けた。

そのきっかけとなったのが、月9『SUMMER NUDE』（2013年）。このドラマには音楽の使い方など、びっくりさせられる深い演出がたくさんあった。なかでも震えたのが、最終回のラスト。過去の恋を長年忘れられなかった朝日（山下智久）が、夏希

（香里奈）とハッピーエンドを迎えた後日譚。痴話喧嘩から仲直りをして車に戻ると、朝日が夏希の「後ろ髪」に手を回して、そっとふれる。頭を撫でたり、抱きしめたりではなく、ほんとうにさり気なく。物語を締めくくる、ちょっとした「キュン仕草」だが、それがとても深かった。

　このシーンの頭には、唐突に「全知全能の神だよ」という台詞があって、そのあと仲直りして愛しそうに「髪にふれる」。「神」と「髪」がつながる作り。これは、主題歌『ＳＵＭＭＥＲ ＮＵＤＥ '13』のサビの歌詞とリンクする演出だったのだ。この作品は、朝日が〝過去の恋愛〟を上書きすることが大きなテーマだった。そのストーリー性に絡めるかたちで、「髪の毛」にふれても〈もう昔の恋を思い出すことなく、新しい恋に至った証〉として映った。過去を吹っ切って、好きな彼女にきちんと心を向けている朝日。それが「小さな仕草」に詰まっているから、より胸キュンだった。**こうしたシーンや演出の細部にこそ、胸キュンのエッセンスはあって、そこにドラマや映画という実写を観る面白さもある。**そんな再発見から、それまで培った文学研究の手法を援用しながら、近年はテレビドラマについて語ってきた。

　よく周り（や作り手）からは「深読み」ともよく言われる。でも全部が全部、作り手が意図した演出でなくてもいい。大事なのは、ある作品をしっかり知りたいと思ったら、その作品で描かれている人物の声や心情をちゃんと知りたいと思う。そうすると、恋模様が動くシーン、そこにある動作や仕草も深く知りたいと思う。さらにそのためには、そこへどうやって至っているのか、人物の心理や劇の運び、それが何に支えられ助けられているのかも観なきゃいけないし、観たいと思う。そうしたぼくなりの「作品をちゃんと自分の中で受け止めたい」という想いが、胸キュン作品への関心に通じている。

本書のキーワード「構造」

実際に《胸キュン》分析を始める前に、本書で重要となる「キーワード」を確認しておく。

述べたように**《胸キュン》は〝現象〟であり、それに対する〝反応〟である。それは、一つのシーンで生まれるのではなく〈構造〉があって、立体的に立ち上がってくる。**この〈構造〉というのがポイント。色々な言い方や取り出し方をしているが、〝作られ方〟をしっかり見つめる。

そして、視聴者の心をつかむ《胸キュン》は、どんな一瞬でも「シーン」であることを忘れてはならない。どんな動作や状況も、場面として描かれる。そしてそこに〝作り込み〟がある。胸キュンではシーンを観ることが重要なのだ。例えば、直前のシーンを少し不穏にして視聴者の期待を減らしておき、《胸キュン》アクションを描くことで、突然のドキドキ感をより高めるなど。つまり、コントラストが激しいほど、強い《胸キュン》効果を作りだせる。

だが、この《胸キュン》を盛り上げる「唐突さ」が、本当にそれだけだったら、ただの奇行と受け取られてしまう。そこで重要となってくるのが、それが〝構造〟的かどうか。それまでのシーンで視聴者と「この人はこういうことをしそうだよね」「作品のテーマはこうだよね」といった認識の共有があることで、やや突飛なアクションでも説得力と納得感が生まれる。これが《胸キュン》の質を担保する。

こうした観点をもとに、〝構造〟によって生み出され、支えられえた、質の高い《胸キュン》を紹介していく。

第1章では、主に登場人物の「キャラ」のギャップを活かした胸キュンについて。第2章では「モチーフ」という言い方をしているが、《胸キュン》を構造的に作るための演出や仕掛けについて。そして第3章では、これらもふまえた「ストーリー」展開のメリハリや動きから作られる《胸キュン》を考えていく。

《胸キュン》は強ければ強いほどいいわけではない。しかも基本や鉄板といわれるものだけでは飽きてしまう。そのため、作品によって、時代によって、《胸キュン》は拡張され、新鮮になり、形を変えている。そうした変遷や発展の工夫も取り上げる。当たり前だが、名シーンには「基本」が詰まっていて、それをふまえている。だからこそ、変化も活きる。逆に言えば、評価ある名作には必ず「胸キュンの基本」が隠れている。これから、そうした「最良の見本」を教科書のように辿って、一緒に《胸キュン》を考えてみよう。

第1章

キャラクター論

第1章では、《良質な胸キュン》に必要不可欠な、登場人物の「キャラクター」のギャップやその活かし方について考えましょう。

01 ドSキャラの「パワーワード」劇 ——『恋はつづくよどこまでも』

あらすじ

『恋はつづくよどこまでも』(2020・TBS系)……魔王の異名をとるドSな外科医・天堂浬(佐藤健)。そんな彼に憧れ看護師になった佐倉七瀬(上白石萌音)が、日々厳しく「バカ」と言われながら必死に仕事に取り組むかたわら、一途で健気な恋心でぶつかっていく。ツンデレ感満載に進む恋模様を描く医療系ラブコメ。

#ドSキャラ　#キュンのおかわり

《パワーワード》は一撃で

人物を「〇〇キャラ」と形容するのが一般化して久しいが、天堂は典型的な「職場系俺様」キャラ。外科医としての手腕は高く、職場での信頼度もあってバリバリ仕事をこなして完璧。でも性格的には自分都合な言動も多いくせもので、医局でもちょっと浮いた存在。そんな彼が、自分の下につく看護師の佐倉に対して、劇中全体を通して「バカ」(正確には「ば〜か」と、途中の〝あ〟の母音を憎たらしくふくんで発音する)を連発し、序盤では「向いてない」「邪魔」などの厳しい言葉をあびせて、俺様風を吹かせていく。

その強い口調と語気が、病院内の教育指導をこえて、プライベートでの恋愛展開の要所要所でも《パワーワード》を生み出し、数々のキュンをみせる。長々とした文句ではなく、**ワンフレーズでもって、佐倉と視聴者の心を撃ち抜くそれは、いうならば《言葉の胸キュンストーリー》とでも呼べるぐらいに、凝縮した力と中身を備えている。**

第2話、自分の無力さに落ち込むのを天堂に励まされる佐倉。普段は手厳しく当たるのに、ここでは親身に寄り添って優しくされて、そのわけを「なんで」と彼女が尋ねる。その答えとして吐くのが「お前は、天堂担だろ」。この作品の象徴ともいえる台詞の一つだ。言い方は、粗雑でぶっきらぼう。表現的にも「お前」と、相手を見下す感じもふくむ。でもメッセージとしては〈たった一人の代えのきかない自分の担当看護師なんだから、辛いときは支えて優しくするのは当たり前だろう〉の意味で、その一言にはこれでもかというほど、たっぷりの愛情が詰まっている。

さらにこの「担」は、現代文化のなかでは、ファンがアイドルなどを応援するときに〈推し〉の意味で用いる「〜担当」とも重なって映る。天堂はそこまでもちろん意識していないが、佐倉の院内での突然の告白劇から始まった物語で、彼女の恋はいわば〝憧れ〟

を多分にふくんだもの。それだけに、裏の意味としては〈お前は俺様の推しだろ〉的なニュアンスも十分説得力をもって感じられて、それも隠れたキュンポイントになっている。

外見・表面的には不愛想で冷たいが、表立っては出さない優しさを秘める。その《パワーワード》によるツンデレぶりに、メロメロが止まらず病みつきになる。飴と鞭を使い分けるというよりも、普段のツンと稀に見せるデレのふり幅が極端なのが、天堂の魅力だ。

例えば交際することになった直後、「病院では必要以上に俺に話しかけるな！／あと俺をみてニヤニヤするな！／それから職場では誰にも言うなよ！」と、自分の決めたルールを無理強いしてドSぶりをガンガン発揮したかと思えば、その帰り際には「早く寝ろよ」と残して去っていったりする。劇の随所に差し挟まれる、こうした相手を思いやるちょっとした〝気遣いワード〟も、またキュンとさせてくる。

というのも、天堂は尖った《パワーワード》に力があって、それが彼のトレードマークのようなもの。そうしたなかだからこそ、**通常であれば何でもない配慮や心配の一言も、逆に特別感によるパワーを帯びて《パワーワード》化してキュンを与える。**キザな台詞も、そうでない台詞も、胸を貫きトキめかせる。これぞ天堂テクニックである（もう天堂担になるしかない）。

パワーワードに潜む別の側面

言葉が強くなってしまうのは、彼の〝不器用さ〟と〝照れ隠し〟の凝縮でもある。それが最高に極まったときに出る、《パワーワード》の威力は凄まじい。その一つが、二人がつき合う直接的なきっかけを作る、歩道橋でのキスシーンで放つ一言だ。第4話のラスト、佐倉が怪我をして救急車で運ばれるなか、意識を失いかけそうになるとき、「乗り切ったら何でも願い叶えてやるから！ キスでもデートでもしてやるから」と天堂は呼び掛ける。幸いにも怪我は大事でなく、二人が歩いて帰る道すがら、彼女はその記憶を少しずつ思い出して次のように話す。

「だんだん思い出してきました。確かキスでもデートでもしてやるって。約束は守ってもらわないと」

「だから俺はそんな約束してない」

「先生！日本男児に二言はないですよね」

「バ～カ」

「あれ？やっぱり妄想？頭打ったからかなぁ……」

天堂は頑として約束したことを認めず、要求に応じる素振りをみせずに先を歩いていく。そんな彼の後ろで立ち止まっている佐倉。その彼女が天堂が先を行く方向に向き直った瞬間、彼が戻ってきていて、突然キスをする。その去り際に放つのが、名台詞の「これは治療だ！」である。


完全に少女漫画に出てきそうな台詞で、思わず「キャー」と歓声をあげたくなる。到底日常では言うことも言われることもない言葉で、胸キュン作品らしさがあふれる。でも、このキザな《パワーワード》も単純ではない。そこには、言葉を発する天堂をめぐる複数の感情と効果が交錯し、しっかりした厚みと深みがある。それが、ただ刺激的でインパクトがあるだけとは違う、絶大なキュンをもたらしているのだ。

まずはじめに、**①言葉の定義によるキスアクションの「特殊化」がある。**不意打ちキスそれ自体でも十分にキュン炸裂だが、追い打ちでそれを「治療」と呼ぶ。しかもそこに寸分の反論の隙も与えないムードで、だ。そのとき、キスシーン全体が、天堂にしかできない特別感を帯びて、彼の世界観の色――つまり、天堂が言うことは絶対で、「治療」と言われれば治療と了解するしかない。そうしたドSさへの従順さを伴って、「異次元なイメージ」の刺激・魅惑――で包みこまれる。そのスペシャルな雰囲気を纏ったキスは、まさに特別で、羨望の念を混じえた読後感を与えて強烈なのだ。完全なる佐倉専用の〝特別治療〟という感じだ。

また、天堂の心理もしっかり反映されているのも大きい。②「仕方ないな」というテイストを醸しつつも、最終的には相手の懇願と約束には確実に応える「男気」な気概とプライド。③実際は無事だったが、命からがらまっすぐに想いを伝えてきた佐倉に対して、自分も誠実でありたいという内面のイケメンぶり（外見ももちろんイケメンだが！）。こうした隠した心情も、短いフレーズのなかにふくみこまれている。喩えるなら、これらは「女性」に対する〝紳士なＶＩＰ待遇〟の治療といったところだ。

さらに、やや深読み的なところ（愉しみ方）では、④妄想でなく現実であることを証明してみせることで「頭を打った妄想ではないか」という佐倉の不安を解消し、これ以上不必要にはしゃいで身体に負担にならないようにする、文字通り医師目線での気遣い。〝これで大人しくしてなさい〟という怪我を案じた、ある種のふざけなき〝追加治療〟。——実際このあと、帰宅した玄関では怪我の部位にふれて「明日もう一度消毒してもらえ」と配慮するくだりがあって、軽傷で済んだことをいじりつつも、本心ではたいそう心配している様子が滲んでいる。

そして何より、⑤キスする優しさと、自分にも好意がある（と取れる）のを、性格的に隠したいがゆえの装いという面もある。彼女の甘えをストレートに叶えるのと、どこか昔気質な「男」が折れる一面を露出するのは、ドSキャラにはこっぱずかしくて抵抗感が大きい。普段のクールなドクター像を崩したくない意識も働いて、必要があった適切適正なアクションであることを強調する意味で、医学用語が選ばれたとも取れなくもない。

そして、場面効果的に面白いのは「治療」と表現したことで、期せずして〝恋の病〟というテーマが、二人の間に一気に立ち上がって映ってしまうところだ。不意打ちキスという荒療治で、自分に片想いをする佐倉の「恋の病」の進行はむしろ加速してしまったわけで、それを誰がケアするかといえば、医者以外にいない。いや彼氏しかいない。

回をまたいで続く場面では、この治療キスをされて「このままじゃ、明日から仕事なんてとても無理です」と困惑を隠せない佐倉に対し、天堂が「だったら、つき合ってやる／彼氏になってやる」という交際宣言で応える。見事に、彼女の「恋の治療」を天堂が恋人になることで施す流れになっていて刺激的である（そのかん、回をまたぐ一週間、視聴者は「これは治療だ！」にやられてキュン死にしたまま、その病を治療してくれるドクターなき時間を、ひたすら悶々と患者として過ごすことになってしまったのも面白い）。

このように、とにかく天堂の《パワーワード》は、気取ってカッコつけたように見えて、彼の底にある〝温もり〟や〝愛情深さ〟が隠れている。特に物語前半は、それがわかりやすく見えないことが多い。だがそれが逆に、言葉の持つインパクトだけではない、観る側に妙に後をひく印象を強く与えて、中毒性のあるキュンを生んでいる。

《パワーワード》のおかわりを描く

他方で、装飾や繕いのないド直球な《パワーワード》も、各所で胸を突き刺してくる。医局の同僚たちの前で交際をオープンにするときの「俺の彼女だから」。恋人の資質を案ずる佐倉に発する「いまさら何言ってんだ、俺とお前が釣り合わないことなんて百万年前から分かってる」「俺の知らないところで泣くな」。最終回ラストの、海外留学の助言に続けて「それと戻ってきたら、俺と結婚しろ」など……。ドSな俺様キャラ特有の、独占欲強めの言い回しと、恋の局面をぐいぐいリードする強引さ。それらをミックスさせながら恋の主導権を握る《愛情バリバリあふれる言葉》に、ベタながら虜にされる。でももちろん、そういったキャラ定番の台詞をただ並べ立てればよいわけではない。それだけでキュンが生まれるわけではない。《パワーワード》が活きる「会話環境」を丁寧に描き込む。それが言葉の胸キュン劇では、とりわけ重要になってくる。

その点、この作品がうまいのは、**佐倉がそうした言葉を受けて反応するだけでなく、それを望んでいるシーンもしっかり描き込みながらストーリーが進んでいくこと。**「俺の彼女」のくだりでは「今のもう一回言ってもらっていいですか？」と、抑えきれないニヤニヤ顔で天堂を追いかける。彼女の好きな点を「何事にも一生懸命なところ、どんなに怒られてもめげないところ（中略）ソフトクリームを上手く食べられなくて、家事がまったくできなくて、すぐ寝落ちして、笑った顔が……誰よりもかわいい／好きだ」と、具体的に長々と列挙する場面では「いくらでも言ってくれるんですよね？／もっとたくさん言って下さい」と懇願する。家族の前で彼女を紹介して口にした「俺が結婚したいと思ってる女性です」も、「先生さっきのワンモアプリーズ」と自ら願いでる。

仕事面では無駄口をあまり叩かずドライで寡黙ぎみ。プライベートな恋愛の感情表現においても、基本、わかりやすいかたちの「愛の言葉」を滅多に吐かないのが天堂。そのため、肝心かなめの直接的フレーズは貴重で、佐倉も何度も聴いて幸せを噛みしめたくなるのだ。結局そのどれもが、何かしらの理由を付けてはかわされ叶わないものの、受け手側が愛情表現のフレーズを、積極的におかわりする姿も散りばめられていることで、恋の《言葉の劇》の魅力は、効果的に高められている。

佐倉は所々〝甘え上手〟だが、言葉に対してもそう。それがドSを貫く天堂にとっては、簡単に「愛の言葉」を出したくない・出せない感じで、自尊心をくすぐられていじらしく、すましてクールに断りつつも、その表情にはちょっぴり〝照れ〟や〝はにかみ〟、デレの部分が漏れでてしまう。これがまた堪らない。《パワーワード》を言われて喜ぶ佐倉と、それを再び求められて面倒臭そうにしつつも、心の底では嬉しい天堂。当然《パワーワード》を放った瞬間のリアクションも大事だ。

しかし、それだけではキャラクターとしての説得力は弱く、十分に浮かび上がらすことができない。恋愛作品、こと実写の恋愛作品の面白味の一つは、例えばクールな人物の僅かな〝ニヤケ〟などの、顔の緩みやほころび――そこに現れる「相手のことが本当に好きなんだな」と、確かに感じさせてくれる微細な動き――の目撃にある。言葉をめぐるキュンは、ストレートな言葉の刺激だけではないのだ。頼んでも簡単に二度は言ってくれない。そのプレミア感と、言ってもらえたときの格別の嬉しさにも、キュンがある。

そして、その再現を求めてドSな相手に一途についていく。その健気で従順なキャラ性あふれる行動ぶりも、魅力的でキュンが大きい。

実際に求めた言葉を言ってもらえるかどうかの結果は関係なく、言葉の「要求／拒絶」の押し引きとその様子が、究極のイチャイチャ感を作りつつ、「この二人ならでは」というキャラクター（カップル）像を立体化しているのがポイントだ。これによって、そのやりとりをいつまでも観ていたい気分に駆り立てられ、そこには何ともこそばゆくて微笑ましいキュンが生まれるのだ。

恋模様にあわせたキャラ変化と台詞力

ストーリー展開の点でいうと、天堂が放つ《パワーワード》は、物語が進むにつれて、徐々に素直になって、決め台詞的な言葉からもわかりやすく〝好き〟が漏れ始めていく。その《俺様流の言葉》のコントロールが制御不能になっていく変化も、とびきり愛おしい。ドSや俺様といった強いキャラの人物は、それを維持・堅持するよりも、《敗北》していくところに格別のキュンが生まれる。その鉄板公式を『恋つづ』はしっかり守りながら、大胆なまでにぶつけてみせてくるのがいい。**「恋は人を変える」とよく言うが、主要人物が恋に落ちる経験をすることで、そのキャラ（属性）が変化していく。ひいては、その言葉使いの様態も変容していく。その変わりぶりを描くことが、キュンを「作る場」となり、また「見せ場」となるのだ。**といっても、キャラ性が完全に崩壊し別物になってしまうわけではない。その点、敗北しつつも、ドSで俺様な色をどう〝残存〟させて、どうそれを垣間見せるかが、胸キュン作品でも重要になってくる。

　交際から回数的にちょうど中頃の第7話。患者である別の男性に好意を寄せられている佐倉へ向けた「とても気にくわない、以上」などは、その好例だ。可愛さと愛嬌が爆発している台詞だ。意味的にはもはや迂回などなしに〝嫉妬〟を伝えてわかりやすいが、「以上」の簡潔な言い切り表現にすることで、これ以上くどくどとは言わまいとするドSキャラのギリギリの強がりを残しつつ、「言いたいことはこれが全て」の意味で、佐倉のことしか見えていないさまが短いフレーズによく表れている。言いかえれば、もうそのことで頭が一杯で、気が気でない心境を赤裸々に伝えながら、それでも捨てきれないSな部分を垣間見せている。この段階になると、ツンデレというよりは、デレな内容をツンで飾っている程度で、強がっていても〝恋愛モード〟全開に近い。まさにキャラ性の敗北に伴う、キュン劇である。

最終回はその最終地点というべきもの。どの台詞も天堂の「好き」が溢れて止まらない。海外留学をためらう佐倉を後押しして言う「今の俺じゃお前に厳しくできないからな／俺はもうお前をかわいがることしかできないんだよ」はその極みだ。仕事面でも、これまでのようにクールに厳しく接することができない。それほど大好きで仕方ない心情を臆せず言葉にのせている。まっすぐ過ぎて、こちらが赤面したくなるほどのキュンを味わわせてくれると同時に、彼の底にあった隠れていた〝純心さ〟が、見えるかたちで出ていて胸に迫る。

また、ラストシーンの出発時刻を間違えて駆けつけた空港先。彼女の姿をみつけて早歩きで近寄り、「とりあえず抱きしめさせろ」と強くハグするところは、物語の最後に置かれた佐倉の台詞「私のことが好きでたまらないって顔してますよ」ならぬ、好きで好きでたまらない口ぶり。「俺・お前」の呼称と上から目線感こそ残しているが、もうお飾りにすぎない。好きを隠すことなく、照れることも忘れ、想いを伝える天堂がそこにいる。

ツンツン、ツンデレから、好意を覗かすデレへ。そしてそれをこえたまっすぐな〝純情〟な態度へ。口にする台詞と言葉を通して、その変遷をたっぷり味わえるこうした展開こそ、キャラ性を活かした胸キュンストーリーの強みであり、恋愛相手と観る者を夢中にさせるポイントである。

02

「歳の差」劇もみせて差し上げます
──『5→9〜私に恋したお坊さん〜』

あらすじ

『5→9〜私に恋したお坊さん〜』（2015・フジテレビ系）……英会話講師・桜庭潤子（石原さとみ）が、意図せず参加したお見合いで出逢うのが、伝統ある寺の僧侶・星川高嶺（山下智久）。強烈な世界観をもつ彼の猛アプローチを受け、翻弄されながらも次第に一途な心に愛を芽生えさせていくラブコメ作品。

#歳の差　#恋愛ベタ

徐々に見えてくる、反転した《歳の差》キュン

本作の見所は、何といってもストーカーギリギリの高嶺の押しの強さと、その下にある繊細で純情な心、ブレることのないまっすぐな恋心だ。そんな彼の猛アプローチは、物語の序盤では胸キュンラブストーリーの王道らしく、《俺様》かつ《王子様》キャラのようでキュンとする。

例えば第1話で、仕事のミスで最悪な誕生日を山奥で一人淋しく迎える潤子。降りしきる雨のなか、高嶺が颯爽と現れ、傘を差し向けて「お誕生日おめでとうございます／それ

だけ言いたくて逢いに来てしまいました」という。そして、しっかり用意していた花束も手渡す。

第2話でも、襲いかかられて暴行される潤子に、身を挺して覆いかぶさって守る。また、（これには裏事情がつくものの）海外赴任の夢が破れて落ち込む潤子に「ご褒美です」と、新しい靴をシンデレラのように履かせてプレゼントする。弱ったヒロインのもとに必ず救世主として登場してくる〝完璧な王子〟像を、高嶺は体現してみせる。

見た目は世俗離れしたお坊さんだが、その言動と身振りは理想的な彼氏。押しの強さは異様だが、好きな人を見守り寄り添い続ける想いは、ひたむきで実直。そのギャップの効いた〝カッコよさ〟にメロメロとなり、潤子の心もゆれる。

だがこれはフラグのようなもので、段々と彼の魅力ポイントは推移していく。最初は迷惑で面倒としか感じない潤子が、徐々に高嶺へ恋心を膨らませていく。相手の反応や顔色、文脈などお構いなしに、どんな状況であっても、折れることなく献身的なまでに続ける〝一途な求愛〟と〝まっすぐな愛情表現〟が潤子の心を動かした面も、たしかにある。でも、潤子がただ流されていくだけの単純な恋愛では決してない。

「妻にして差し上げます」と、上から目線の強気な構えで猪突猛進する高嶺が、次第にみせ始めるもの。一方的に寄せられる想いのなかに、潤子が感じ取っていくもの。そして観る側がキュンと感じるもの。それは、劇が進むなかで、さまざまなかたちで露呈していく彼の《可愛さ》に他ならない。

潤子にとって彼が魅力的に映ったのは、カッコよさゆえではなく、徐々に見えてくる人の良さと優しさ。それを知るからこそ、「仕方がないなぁ」という諦めや折れにも似た心情のもと、時間・出来事を重ねるなかで、恋が動いていく。

二人の人物像をならべてみると、恋愛の経験値、その器用さや要領という点を除けば、高嶺と潤子には、そう大きなステータスの差はみえない。むしろ彼の方が上といっても良いぐらいだ。好意のあまり彼女の働く英語教室に通いだす高嶺だが、実際にはその必要がないぐらいに英語は流暢。加えて東大出身で知的で教養も高く、社会的身分や生活も安泰。そしてイケメン美男。

つまり、潤子に見劣りする要素がほとんどなく、《俺様》口調で上から言われても仕方ないな、と感じさせるだけのスペックを備えている。しかも彼は、彼女よりも「一歳上」の設定（予告では二歳差で物語が始まる）。作品内で特段主張はされないが、ここが独特のキュンに関わる重要ポイント。

実際に物語のなかでも、二人に歳が離れている雰囲気はなく、違和感ない同世代感がただよう。にもかかわらず、**プッシュする高嶺／押される潤子の恋愛模様からは、折々で《歳の差》カップル感があふれでるようになってくる。**その色が劇にうまく絡まって効果しながら、絶妙なキュンをみせていくのだ。

高嶺さん、じつは恋愛ベタでございます

ぐいぐい恋愛を牽引し、相手の心を揺さぶってかかる。その主導権は、高嶺が握っている印象が特に序盤は強いように見える。しかし実際には、劇が進むにつれ、彼が次々とみせていくのは、とことん「恋に無知」であるさま。彼は「恋愛パターン」、もっといえば「恋愛とは何たるか」のレッスンを潤子から受けていく感じで、恋に受け身になるところも少なくない。恋愛偏差値的には、潤子に遠く及ばない。

それどころか、まったく恋愛にはピュア状態。前半部から例を挙げれば、印象的な一つに、潤子先生の英会話クラス内での〝張り合い〟シーンがある。潤子に同じく想いを寄せる腐れ縁の三嶋（古川雄輝）と、高嶺が嫉妬と見栄を無邪気にぶつけ合う。そこには、大

人な「恋の駆け引き」がない。というより、そうした打算や発想をそもそも彼は持ちえていない。あるいは、初デートをする回もそうだ。その準備に「恋愛マニュアル書」を大量に買い込んで熟読し、忠実に従おうとする。

加えて、潤子の大切な同僚からの伝授ともなれば、なおさら鵜呑みにしてしまう。第3話で、彼女の同僚のアーサー（速水もこみち）から「キス↓ハグ↓可愛いね」の三ステップが喧嘩の仲直り法だと教われば、その回のラストで、潤子の「可愛いところ」を列挙して伝えて、実践をすぐ試みる。

そのあとも、好きに交えて要所で「可愛い」をしっかり挟み込んでいて、アーサーから習った恋愛テクニックを大事にしている素振りもうかがえる。また彼女の両親が話す恋愛エピソードも積極的に採り入れる。「お泊まりが結婚のきっかけ」になったと聞けば、寺に宿坊システムを導入して潤子を招く。「同棲は愛が深まる」と言われれば、ためらいなく彼女の実家で同棲を始める。

そして「おはようのチュウ、おやすみのチュウ、ありがとうのチュウ、行ってきますのチュウ」でイチャイチャしたという話を耳にすれば、その日から彼女にすぐ求める。**こう**

した恋愛指南への従順ぶりが、ラブコメらしくユーモラスに描かれていて笑えるが、かたわら、その初心さ加減がどこか幼くもあり〈可愛げ〉たっぷりで、心をくすぐってキュンとさせる。

押しはガシガシ強い反面、細かい恋愛スキルは持っていない。そんななか、可能な限りの情報を参考に、考えの及ぶ限り全身全霊で気持ちを届けるための努力をし、彼女へ体当たりしていく姿は、実際は逆であるにもかかわらず、どことなく《歳上の女性》に挑む《健気に努力する歳下》のように映り、目が離せないのだ。

高嶺さん、甘え上手でもございます

随所でみせる彼の〝甘え上手〟な面にも、《歳の差》感はうかがえる。第8話、潤子の家で同棲を始めた夜。布団を並べて寝つく前、おやすみのキスを願い出るも却下された高嶺は「せめて手を」と、掌をパタパタさせアピールする。それに潤子が〝恋人つなぎ〟で応じる。その嬉しさをゆっくり噛みしめるように、ニンマリしながら眠りにつく（小さなことでも叶えてもらえば幸福度ＭＡＸになる、その幸せメーターの単純具合も初々しくて可愛い）。

翌朝、遅刻しそうで慌てて家を出ようとする彼女に「行ってきますのキス」を玄関先でせがむ。唇を尖らせ指さして求めてくるキュートな姿に、彼女は「うーん」と悶える表情と間を挟んでから、「もう、しゃがんで」と言って、額に〝デコチュー〟をする。まさに「もう仕方ないなぁ」という雰囲気全開で、だ。

ここでの潤子は、絶妙な甘えん坊を発揮してくる高嶺を前に、普段の溌剌としながらクールなキャリアウーマン的な《カッコいい大人の女性》から《愛くるしい大人女子》へわかりやすく変貌している。

行ってきますと扉を閉めたあとにみせる、ベタな恋愛の一コマを演じてしまい赤面する恥じらいと、でも幸せ一杯の表情には、直後に同僚に語る通り「久しぶりの彼氏だから、一周まわって何してるのか分からない」ほどに、恋の愉しさを再発見する〝乙女心〟が存分に現れていて、愛くるしい。

そして高嶺のほうは、エプロン姿で風呂敷包みの重箱弁当を持たせて潤子を見送る。その朝の光景はファンタジー感があふれる。

でも、それぐらいのフルスイングな奉仕と甘えっぷりだからこそ、潤子は彼の甘えを許容する余裕や包容力がもてて、高嶺のどんなわがままも可愛く見えて仕方ない。もっと言えば、甘えられることに嬉しさを覚えるのだ。そんな《歳上女子》の要素が、恋愛模様のあちこちから潤子を通して感じられる辺りが、リアルなキュンで視聴者の胸を捉える。

対する高嶺も、甘えた分だけ思い切りデレた顔を惜しげなくみせて、しっかり《歳下男子》の趣きを放つ。デコチューに「わぁ、これも悪くない」と反応する。そのときの目元も口元も脱力させて呆けたような顔は、物語のなかでも――いや山下智久が演じた歴代のラブストーリーの場面のなかでも、屈指の恍惚としたオーラを放って、異彩のキュンをもよおさせる。

ここで重要なのは、彼の頭のなかにデコチューは存在せず、予想外であること。彼は、キスといえば〝唇で交わすもの〟と思っている。そんな**オーソドックスなイメージを塗り替えて「未知の恋愛風景」を教えられ、体験したことに、新鮮な驚きと初心なリアクションをみせる。**恋愛知識さえ十分ない彼にとって、ベタで定番な胸キュンアクションなど程遠く、それゆえにされたときの驚きと歓び、幸福感は計り知れないのだ。

それは、潤子とのやりとり・出来事のすべてを「記念日」にするところにも現れている。彼にとって、恋をめぐる体験はただ大切というだけでなく、赤子のように新境地の連続で、初体験も多くふくんでいる。本当に記憶に残る、残したい、かけがえのないものなのだ。そのピュアな反応を目撃して、視聴者のときめきも止まらなくなる。

こうした「恋をリードする歳上／多くをまだ知らない歳下」がみせる《歳の差ラブストーリー》のような空気感。そのなかで二人は、最初の「グイグイ迫る《年上》と押される《年下》」の関係から、「甘え上手な《年下らしさ》と母性あふれる《年上らしさ》」へ、ポジションを反転させていく。

そこから出てくるのは、高嶺が彼女に見せる可愛らしさだけでなく、彼の〝弱さ〟を面倒見よく受け入れ、思いきり甘やかせる潤子の側の愛らしさでもある。恋によって変わる二人の関係性、そして、そこに生まれる相手への愛着ぶり。その変化と推移を、物語序盤と付き合ってから、一度で二度おいしいかたちで味わわせてくれる面白さを、反転する《歳の差》劇はもっている。

絶妙なこの《歳の差》風のラブストーリーで印象に残るのは、やはりラストシーンである。最終回、プロポーズをうけてハッピーエンドを迎えた後日談。痴話げんかをしながら歩く二人。潤子が後ろの高嶺へ振り返って近づいて、首から下げた輪袈裟《わげさ》を引っぱって「Ｄｏｎ’ｔ　ｓｐｅａｋ！」と突然キスをする。ネクタイをクイっと引きつけてキスをする、胸キュン定番アクションの一つ《ネククイ》。その僧侶版だ。

同時にそれは、うるさい喋りをドキっとする口づけ（愛情表現）でもって、有無をいわさずストップさせる《口封じキス》にもなっている。高嶺には、そのキス（のかたち）も初体験で初感覚。

そのため瞬間フリーズしたのち、彼は「潤子さん、もう一度お願いします」「今のをもう一度……」と、はにかみ顔で愛嬌たっぷりに頭をペコペコ下げて懇願しながら彼女についていく。何とも微笑ましくクスっとする心暖まる一コマだが、物語前半でぐいぐい迫られていたのとは攻守逆転して、この結末で、恋愛を手引きし相手を手玉にとっているのは、あきらかに潤子のほう。

それが紳士な優しさからの行動とはいえ、彼女のボストンバッグを代わりに抱えて、後を必死に追いかけてゆく高嶺の姿は、すっかり《姉さん女房》の尻に敷かれたような印象で、微笑ましい。

《歳の差》ラブストーリーの最終地へ

　こうした実際は違うが、そう見える絶妙な《歳の差》的なラブストーリー性が、最終回のクリスマスシーンを盛大に盛り立てる。

　境内を華やかに彩るツリーと飾り。その陰からスーツをビシっと決めて、おもむろに登場する高嶺は、色気も品格も持った「大人の男」の存在感たっぷりだ。視聴者はここで圧倒的にカッコいい高嶺の姿に息をのむ。そこでは、いつもの袈裟姿や寺の世界観からのギャップも大きい。しかし一番効いているのは、それまで随所で垣間見せられた《歳下男子》的イメージからの華麗な変身である。その姿と立ち振る舞いからは「可愛らしさ」は微塵も感じられない。いうならば彼は歳下から、脱却し成長したかのようだ。そして誰もが夢見る理想形のような〝膝まずきプロポーズ〟で、最後の愛の告白をする。その言葉も「私の妻になって下さい」で、もう「差し上げます」口調ではない。何も言うことない《完璧な紳士》が出来上がり、劇のラストにふさわしい感動にあふれる。

　それに対して潤子が「結婚して差し上げます／妻になって差し上げます」と言うとき、

それは普段の高嶺の口調をもじっただけでなく、しっかり彼への深い敬意と愛情とともに、《上品な淑女》がみせる謙譲もふくんで聴こえる。

もう愛らしいではない、〝美しく〟輝いた潤子がいる。風景はじつにロマンチックでやや現実離れしているが、年上女子×年下男子の《歳の差カップル》的な戯れるような甘いファンタジー感はもう消えてない。

これまでの恋模様を通じて、互いに関係性を深め、互いに大人になった二人の姿がそこにある。それはフィクションらしさもありながら、他方で地に足のついた現実的で厳かな世界を「大人の女×大人の男」として視聴者に提示している感触だ。そしてそこに感じるのは、劇半ばで感じてきたのとは違う、じつに手応えあるリアルなキュンだ。

余談になるが、「登場人物」たちが原作の漫画などから実写になるとき、どうしてもそれを演じるのは「美男美女」の役者たちが配されることが多い。そうすると、純粋にキャラクターに対してではなくて、どうしても生の役者やアイドルが備え持っている「外見・外貌」のカッコよさ・美しさというところに、まずキュンとしてしまう。ラストシーンの山下智久と石原さとみも同じように、見た目だけ取っても十分絵になっていて、強いときめきを感じる。それも大事な愉しみの一つだ。

しかしこの物語を追いかけてきた視聴者が、ラストの「大人な二人」に見出すのは、単なるカッコいいや綺麗ではない。住む世界が違うゆえの、突飛で特殊な高嶺の猛アプローチ。それに屈していく潤子。一見ベタなキャラクター設定と劇運びのようにみえて、その心と関係性の変化には《歳の差》ラブストーリーのような深い一面も備わっている。その過程で、さまざまに〝胸キュンらしい胸キュン〟も届けられた。だが、それを通過した先のラストには、一皮向けた《大人同士》の二人がみせる、リアリスティックな愛のドラマがさらに待っている。そこにある「カッコよさ」「綺麗さ」は、一度たっぷりと「可愛い」を経たことで、表面的ではない、より深みのある内面と魅力を獲得した。真に、外貌も中身も兼ね備えた「カッコいい」と「綺麗」へと変貌したかのようだ。

そこに至るまで高嶺と潤子が積み重ねてきた「歳の差」恋愛劇とその関係性が十分描かれてあったからこそ、より立体的で深い、胸にしみるような上質なキュンを視聴者は感じとれる。そう言い換えてもよい。

胸キュン作品で重要なのは「うわべのキュン」だけではない。**それを上回るような、美貌や美スタイルが活きつつも、より深い「精神的なキュン」をどう作れるか。**それが実写胸キュン作品作りのキーといえる。それを十分みせてくれた傑作だった。

03 最強ヒロイン・紗絵子さんの〝可愛さ〟の根源《ルーツ》

――『失恋ショコラティエ』

あらすじ

『失恋ショコラティエ』（2014・フジテレビ系）……小動爽太（松本潤）は、失恋した吉岡紗絵子（石原さとみ）への想いが捨てきれず、ショコラが大好きな彼女のため一流の作り手になった。自分の店で、紗絵子さんとの甘い妄想に耽りつつ、新商品を日々作りながら、小悪魔な彼女との叶わぬ恋に振り回されていく。

#ファッションコーデ　#モテ仕草

紗絵子の〝可愛さ〟へ迫る

この作品の魅力にふれるとき、やはり紗絵子の圧倒的な〝可愛さ〟を無視して通ることはできない。主人公の爽太は、高校の入学式の日に校門で偶然ぶつかって彼女に出会う。そこで爽太は「あっ可愛い」と、一瞬で一目惚れしてしまい、そこから怒涛の恋愛劇が始まっていく。その様子と彼女について、爽太がまとめて語っている場面（夢の描写）が、第1話にある。

「初めて逢ったのは高校一年のときです。あのときの全身がザワッとするような理性をこえたときめきは、今も忘れることができません。紗絵子さんはその頃から、可愛くて、色白で、可憐で、いつも笑顔で、優しくて、輝いていて、学年一のイケメンを次々乗り換え……」

恋に落ちることに、理由や理屈を求めても仕方ないかもしれないが、ここでの説明は誰にでも当てはめて言えそうなことで、どこか表層的にも見える。実際、物語のなかでも、**彼が彼女を「どれだけ好きか」について説明する独白や、気持ちがあふれるエピソードはたくさん出てきて、それが物語の推進力の一翼を担っている。**しかし、肝心の「どこが好きか」については、好きになってしまった・好きでいることを前提に物語が作られ進んで、どうも明確な言葉があまりない印象なのだ。一度振られても、彼女が結婚しても、爽太がゾッコンでいる紗絵子の魅力は、一体どこにあるのだろう。また放送当時から今日に至るまで、女性視聴者を中心に厚い支持を得て称賛される、最強ヒロイン・紗絵子の特質とは何だろう。

……と、あらためて考え始めると、やはり「可愛い」が真っ先に出てくるのだが、その特色を《ファッション》と《動作》の視点から、一緒に辿り直して確認してみよう（紗絵子風に言えば、母音を強調して「確認してみてくぅ〜ださいなぁ！」だ）。

《ファッション》は着飾るだけじゃない

一つ目は《ファッション》。彼女の可愛さといえば、まずその装いだ。ピンクや白のコートにミニスカート、そこにヒール高めのロングブーツを合わせ、手元には小さめのブランドバッグ。これが紗絵子の基本スタイル。男ウケしそうな典型的な「量産系キラキラコーデ」なのだが、それがいい。性格や言動面では、爽太を誘惑し手玉にとる小悪魔的な〝性悪さ〟と〝あざとさ〟が満載な彼女。普通であれば、同性から嫌われるタイプの王道だ。それなのに、どうにも憎めない。〝可愛さ〟がそれを遥かに上回って、むしろ愛してしまう。

「内面」の計算高い腹黒さと、「外貌」の輝いた華やかさ。その取り合わせがみせる絶妙な「モテ女」感、そこへの〝共感〟や〝憧れ〟というのも多少なりあるのは確かだ。だが彼女の魅力の本質は、おそらくそこではない。キラキラした完璧なまでのコーデスタイルからは、爽太を思わせぶりに振り回す〝小悪魔〟とは違った、別の魅力がさまざまに垣間見える。

個性的で奇抜な《ファッション》であれば、それを身に着けるだけで〝サマ〟になって、一種のキャラクターとして完成像を作りやすい。だが雑誌から飛びだしたような、よくあるコーデではそうはいかない。ちょっと手を抜けばボロがでてしまい〝可愛い〟どころか、ダサさが際立ってしまいかねない。その点、紗絵子は一切の妥協なく完璧である。それはセンスだけの問題ではなく、彼女がその服やアイテムが〝自分にとって〟どう似合うかを、十分心得ていることが大きい。**それは、装いが性格や癖といった〝自分の特性〟を高める助けにしっかりなり得ている、ということでもある。**そこまで計算し尽くされている、その意味で「完璧」なのである。

例えば、常に身に着ける「小ぶりのバッグ」は単に自分を彩る装飾品なだけではない。紗絵子は、爽太との会話場面の折々で、微妙に身体を〝揺すり〟ながら話すことが多い。単に口先で言葉を発するのではなく、全身も使ってコミュニケーションをとっていく。その都度の仕草にあわせ、バッグも微細に動く。そこに意識が自然といってしまうのだ。それもふくめてこそ、彼女特有の会話劇である。つまり「揺れるバッグ」は、彼女の豊かな感情表現を効果的に〈視覚化〉するアイテムなのだ。あるいはその逆で「握ったバッグ」が動かないことで、そこを軸とするようにして、体を左右に揺らしたり、ねじったりする愛嬌ある動作がビビッドに映ることもしばしばある。小物自体の可愛さを身に着けるところに留まらず、恋愛コミュニケーションの場で、〝キュートで躍動感ある自分〟を作りだしてみせる。彼女のファッションは、そうした感情をスリリングに届ける武器の一面も持つのだ。これが、紗絵子マジックの一つである。

　バッグについて補足すれば、小さな鞄をぶらさげ店へやってくるのは、正確にはまだ助走というべきだ。彼女の魅力が最大限に発揮されるのは、買ったショコラの入った「ショコラ・ヴィ」（店名）のショップ袋を追加して、それも一緒にぶら下げて帰る幸せ一杯の姿である。そのときの、特段の可愛さに異論はあるまい。大好きなショップの洒落た手さげ袋も、コーデの大事な一部になる。そうした現代のファッション感覚が、しっかり反映されている辺りの魅力もある。《紗絵子コーデ》がほんとうの意味で完成するのは、爽太に逢い、彼からショコラを買った帰り道。最終アイテムとして「ショコラ・ヴィの袋」が足されたとき、というのが正確かもしれない。

バッグと同じく物語で存在感を際立たせているのが、ヒールブーツだ。この物語はショコラティエである爽太が店で待ち構えていて、そこへ紗絵子が来店してくることによって恋も劇も動いていく、というのが基本形。そのため「来店」風景は極めて重要で、カメラもそれをスローモーションやアップを用いて劇的に演出していく。その「来る」動作において、ブーツが肝になっている。ドアを開けたときに鳴るクラシカルな鈴の音に続いて、ブーツの「ヒール音」が鳴りひびく。そのコツコツコツという足音は、このあと恋がどう展開するのだろう、というドキドキした期待と興奮にあわせ、爽太に逢いにきた彼女のウキウキした嬉しさ、またあるときは恐るおそるの不安感をセンセーショナルに伝えてうまい。つまり「ブーツ」もまた、見た目の華美な装飾をこえて〝彼女の心模様〟を代弁する役割をはたしているのだ。

ちなみに、彼女のヒールブーツとその音を盛り立てるのが、ドアを開けてすぐの入口にある「数段の階段」。そこを転ばないよう、絶妙にバランスをとりながら降りてくる姿は、まさにお洒落のためには犠牲も厭わない〝ファッション女子〟を象徴的に映す一コマになっている。そして爽太にとって、手の届かない〝妖精〟である紗絵子さんが、おぼつかない足取りで店のフロアへ降りてくる＝地上に舞い降り立つイメージもそこにはあって、何ともロマンチックなのだ。

　このブーツをめぐっては、第４話に印象的なシーンがある。紗絵子が友人の結婚プレゼントを選ぶ買い物に、爽太が付き添うシーンだ。その会話中に、彼はあることに気づく。

「あれ？　何か顔が近いんですけど」

（中略）

「変だな？　いつもこんな近かったっけ？」
「あ、ヒールが高いんだ。そのせいか。この近距離っぷりは」

自宅を出るとき、紗絵子は玄関に既にでている低いブーツから、ヒールが高めのブーツにわざわざ履き替えて出てきた。シーンに先だって、身長差を気にする男性には「低いブーツ」で可憐さをだす話題が挟まれるが、これもそれの逆で距離を近づける、いわゆる恋愛モテテクニックの一つだ。それをさり気なく、しかし確実に自分のものにして実践できる〝あざとさ〟にも、爽太とともに視聴者の心も惹きつけられる。そして、このブーツ(コーデ)選びは、「爽太への想い」に強く重なっている。この時点で既婚者の彼女が、どこまで彼に本気か定かではないが(その後も曖昧なままなのだけれど……)、少なくとも普段彼の店を訪れるのとは違う〝二人きり〟になるお出かけを、「特別な出来事」と意識していることがわかる。だからこそ、その帰り際には彼を家へも誘ってみせる。特別感あるお洒落と言えばそこまでだが、ヒールブーツに忍ばせた、相手にそれとなく「気づいてほしい」、いつもより近い距離で「綺麗な自分をみせたい」という欲求は、恋をする〝女性〟、いや性別を問わず〝恋愛する人間〟の、尊く美しい心のかたちなはずだ。それを惜しむことなく、努めて実践してみせる彼女の〝美意識〟と〝価値観〟にも惹かれるのだ。

《動作》について

二つ目は、仕草と(リ)アクションの《動作》。紗絵子は、ショコラの美味しさや爽太の言動など、目の前で起きる嬉しいことに対して、〝身体全体〟を使って歓びを表す。これをモテ女子特有の、計算的な嫌らしさと捉える見方もあるだろう。だが、そうした不自然さを感じさせないぐらい、彼女の体は自ずとナチュラルに動く感じがしっかり見てとれる。そのなかでも目立つのが〝身震い〟。例えば、爽太の店へ初めて来店する第2話。ショーケースを覗きこんで「可愛い、何これ」（字面で再現すれば「かぁ〜わぁ〜いぃ〜」だ）と、爽太のショコラを初めて見て、弾けたハイトーンで興奮する箇所。そこでの彼女は、屈みながら、腰から足にかけてを小刻みに震わせる。そして、直後につづく「毎日ここで寝起きする」と言う場面でも、脇をしめて握った両手を、大きく揺らしてアピールする。まさに〝ぶるぶる〟や〝ぷるぷる〟という感じで、その擬音語が聴こえてきそうな躍動感ある身振りである。

　それらのオーバーぎみな、わかりやすく目にみえるリアクションからは、嬉しさで浮き立つ心がありありと伝わってくるだけでなく、彼女の前向きな〝感受性〟も強く感じられる。ともすると、一般的には〝ぶりっこ〟と取られるような言動だ。でも、そうした周囲の目や既成の価値観に彼女は全く縛られず、湧き起こるままに感情を発露してみせる。そこには「嘘」が一切なく、可愛くて大好きなショコラ、嬉しいと思える出来事、それに彼女は満面の笑みと全身の動きでもって、キラキラしたリアクションをぶつける。〈可愛いものを可愛い〉と、ありのまま、ありったけに表す。その簡単なようで難しいことを、フルスイングでやれる紗絵子さんは、女性らしさ云々ではなく、**人間誰しもが心で希求する**

〝自分の感情にまっすぐに生きる〟姿の見本のようで、〝憧れ〟と〝尊敬〟の念を自然と抱かせるのだ。

この《動作》から伝わる喜びは、彼女自身の魅力に限らず、物語を支える支柱にもなっている。身体を使った感情表現が飛びぬけている分だけ、爽太は〈自分のチョコを喜んでくれる↓紗絵子さんも自分を好きかもしれない〉という、実際には既に振られて失恋し、結婚して旦那もいる彼女に、可能性のない淡い期待を膨らませ、片想いを深くしていく。他方で彼女の全力で歓ぶ動作は、前向きさとは対照的に、ＤＶ気質の夫がいる日々の家庭事情などの抱える哀しみや傷など、表立ってださない〝ネガティヴな心〟の裏返し、反動の側面もある。彼女が全開で歓び、それに爽太がキュンとなって惹きつけられていく度に、その底にある〝悲哀〟は色を濃くしながら、そこから「現実逃避する紗絵子」像を強固にして、劇後半の核心テーマを形づくってもいくのだ。

仕草でいうと「ショコラを食べる」姿も、キュンポイントとして大きい。正確には食べるというよりも、かじって口にふくむときの姿だ。その瞬間の、ショコラが口のなかで溶け、一気に広がる高揚と満足感を、彼女の表情はリアルに伝えて秀逸である。いうまでもなく〈最高のショコラ＝爽太の愛の結晶〉というのが、この作品のテーマ。それだけに、肝心のチョコの美味しさが伝わらなければ、劇の深みは増さない。その点、彼女がショコラを口に運ぶときの、セクシーなまでに〝恍惚とした幸福感〟あふれる表情は、味や旨さを通り越して、もうそれだけで、いっとき現実離れした〈ロマンティックな恋愛世界〉へ到達しているかのような力がある。しかも、そうした実食の多くは家で一人で行われる、つまりそこで感じる心情は隠されている。さらに言えば、彼女の〝恋心〟を直接説明する箇所が劇中に少ない。これらのもとで、ショコラの口溶けと味に「意識まるごとどっぷりと浸る」ように食べる姿は、「爽太と結ばれている」感触を視聴者に向けて強く醸しだし、彼女が「爽太のことを好きで仕方ない」ような強い錯覚へと無意識で陥らせる。

紗絵子の魔性ぶりは、対面でみせる言動や駆け引きより、むしろこうした可愛くも魅惑的な〝食べっぷり〟のなかに最も凝縮されていて、視聴者はそこに爽太を、そして見えない彼女のほんとうの気持ちを重ねながら、虜にされていくのだ。

《ファッション》と《動作》を手放すとき……

《ファッション》と《動作》からなる可愛さと愛くるしさ。その〝外見《そとみ》の魅力〟にまず目が向いてしまうが、そこには紗絵子の《心》が詰まっている。ストーリーからみえる〝悪辣さ〟とは別の、彼女の底にある、より人間的な「眩い可愛さ」を、そこから感じ取ることができる。だからこそ、紗絵子は、ただ見て消費するだけでは終わらない、人の心をぐいぐい惹きつける深みある最強ヒロインたりうるのだ。**つまり、彼女の服と身振りは、紗絵子をヒロインたらしめ、またそんな彼女のエッセンスが知れる〝根源《ルーツ》〟なのだ。**

彼女のあざとさは、ただ男へ訴えかける手段ではなく、彼女自身の「人間的な内面」の謂《い》いに他ならない。終盤へ向けた転換点になる第8話、爽太と紗絵子が体を重ねる場面。彼女はシャワーの最中にでてきて、一枚のバスタオルを脱いで真っ裸になる――つまり〝服〟を何も着けていない状態になって、爽太を小悪魔的に誘惑してくる。そこには普段の明るい笑顔のキラキラ仕草はもちろんない。可愛い内面へとつながる《ファッション》も《動作》もない。そのとき、彼女の「心」をうかがい知るすべをなくして、やはり紗絵子はやはり〝悪魔〟なのかもしれない、と強く感じざるをえないのだ。

肉体を露わにした真っ裸の紗絵子自体が、危険で魔性なのではない。彼女の内面を代弁し、そこへと通ずる《ファッション》と《動作》を手放すことが、怖ろしいまでの得体の知れない誘惑のかたまりとなって襲うのだ。ファッションを纏うときも、感情を動作にのせるときも最強ならば、それらをすべて捨て去って裸一つになるとき、つまり普段うかがいしれる「内面」がブラックアウトのように消失させる瞬間の紗絵子さんも、底知れぬ引力で最強なのだ。

第2章

モチーフ論

第2章では、構造的に胸キュンを作るための「モチーフ（技巧・要素・仕組み）」について考えましょう。

01 「頭ポンポン」の忘れもの、未然形と否定形のキュン

――『凪のお暇』『初めて恋をした日に読む話』

あらすじ

『凪のお暇』（2019・TBS系）……いつも周りの空気を読んでしまう大島凪（黒木華）が人生をリセットすべく、都会生活を脱して田舎へ移住する。そこで出逢うアパートの隣人で、ゆるふわな空気感で自由人の安良城ゴン（中村倫也）と、彼女を忘れられない強がりな男を演じる元カレの我聞慎二（高橋一生）。対照的な二人の間で動く恋心を、新天地の人間関係のなかで描く。

『初めて恋をした日に読む話』（2019・TBS系）……天然で恋愛にも鈍感な塾講師・春見順子（深田恭子）が、ピンク髪の不良高校生の由利匡平（横浜流星）の東大受験を指導する。そんな二人に芽生える歳も立場も違う恋に、高校の同級生でツンデレの元ヤン高校教師・山下一真（中村倫也）、彼女へ一途に片想いをするいとこ・八雲雅志（永山絢斗）を加えた四角関係を描くラブコメ。

#頭ポンポン #定番アクションの否定

《頭ポンポン》の基本原理

掌を頭上から押し当てるかたちで、優しいタッチで複数回ふれる。いわゆる《頭ポンポン》。テレビドラマや映画でも、胸キュンの鉄板モチーフとしてあちこちの作品で見かけるようになって久しい。わかりやすいアクションではあるが、その基本をもう少し詳細に分析していこう。**アクションの「①様態」、そして「②状況」とそれに伴う「③効果」の観点でみると、本質がわかりやすい。**

①様態としては、その名の通り「ポンポン」と軽く頭をたたくイメージ。親が子供などに行う「よしよし」であったり、犬などのペットに対してする「なでなで」とは違って、頭（髪）にふれている時間を基本あまり長引かせず（余韻として手を残すことはあるが）、手が当たる箇所も限定的であるのが特徴。力具合としては、相手の髪型を乱さないソフトさで、片手で行うのがデフォルト。

そのままでは演出として弱いために、ポンポンとまではいかなくても、髪を触っている何かしらの効果音を付して、劇的にみせることも少なくない。体勢的には、相手と対峙して正面側から、または横並びなどで行う。アクションのかたちは、これは別のアクションにも当てはまることだが、「男性が女性にする」ケースが多い（が、もちろんその逆もあるし、同性でもジェンダー問わずに成立する）。これは、これまで異性愛を主軸にした恋愛作品が多かったこと、また少女マンガからの影響で広まった経緯などもあってだ。また《頭ポンポン》は単独で使われることも多いが、別の胸キュンモチーフとも掛け合わせられる。なかでもハグとは、抱きしめた手が頭にも伸ばしやすく「相乗効果のキュン」を形成しやすい。

②状況的には、かなり多様な場面で用いられる。なかでも、よく目にするシチュエーションとしては、次のようなものが挙げられる。③効果と併せて見ていこう。

A）広義の「好意」を表す状況

この「好意」は幅が広い。恋愛的な好きから、友情・人情的な想いまで。挨拶的な軽いノリによるものもある。当然のことながら、よく思わないときや、特別感情の湧かない相手にすることは考えにくく、好意〝的〟な心情の現れであるのが基本だ。

ラブストーリー（的な要素をふくむシーン）ということでいえば、相手を「可愛い・愛おしい存在」として認める行動であることが多い。とはいえくどいようだが、必ずしも「好き」の意思表示とは限らないのがポイントで、あまり深い意味をもたずに行われることも少なくない。

これが厄介で、逆にいえば演出的には面白くもあるところ。される側は大抵の場合、少なからずこの仕草に「ドキッと感」を与えられて、そこに恋愛感情や恋の予感、可能性を読み込んでしまいやすい。相手に特段想いがなければ、一目惚れ的に恋に落ちる瞬間にもなるし、逆に片想いをしている相手からされる場合には、一気に気持ちに拍車がかかる。

つまり物語の運び的には、恋愛のスタートや、恋が急転する〝動機〟〝きっかけ〟として効果を発揮するすることが多い。

例えば、妹のように、あくまで人間的にみて〝愛らしいような気持ち〟でポンポンをしたとする。それだけでも受け手はよくも悪くも、相手への意識を強くする。キスやハグよりカジュアルで気さくにくり出せるだけに、された側に生まれる「この意味は何？」という気持ちの膨らみは、その後の展開を魅惑的にする。もちろん、前後に告白やそれに近い言葉をそえて「好き」の代わりや言語表現の補強をなすこともある。こうした効果を「別れの場面」に転用するケースも少なくない。

恋愛作品において、別離のシーンは（物語の設定準備として冒頭に置く破断を別にして）決定的な修羅場となって関係自体が崩壊するというより、状況をかんがみて身を引いたり、諦めるといったほうが大半だ。そこでは、「嫌い」よりも、心の底では「好き」が勝っている。その残存する愛情を示し、最後に恋した相手にエールを送る、体裁よい別れにする。そのためにポンポンを選択する。切なく悲しい別れを〝キュン〟で包むような使い方である。

B）相手への「慰め」「労い」を体現する状況

される側が何かしらの失敗や落胆などで、沈んだり泣いたりしているとき、その相手を肯定し認めるアクションとして、緊張を緩和させ〝安心感〟を付与し、〝元気づける〟ために行われるもの。**ピンチなときに「自分の努力や失敗」を評価し、励まし支えてくれるという点で、ポンポンする側は自分をわかってくれる〝味方〟として意識化される効果がある。**特に職場や学校など大人数がいる環境では、「いつも側で君をちゃんと見ているよ」というポジション表明にもなりやすい。

傷ついている人間に対する行為として、この場合は特にハグなどの他のアクションが掛け合わされることが多いのも特徴。逆にいうと、そこで《ポンポン》以上の接触接近を〝するかしないか〟に、その人物の性格や恋愛価値観、更には感情の色、求める関係性、包容力の質などが表出しうる。既に恋人であるケースも含め、とにかくアクションする側への「信頼感」が高まり、される側は「助け」られて、時に身分や立場といった公的な距離感を飛びこえ、プライベートな親密さと絆を深くする。

この状況で使われるときは〝優しさのかたまり〟ともいえる仕草なので、胸キュン的にはこれを普段Sっ気があるツンなキャラ、つまりそれほど自分をちゃんと見てくれていない、守ってくれるような感じがしない人物がすることで、〝ギャップ〟の効いたインパクトを絶大に発揮しやすい。

C）上下関係が強調される状況

これは《頭ポンポン》をめぐる状況というより、効果面のことになるが、AやBに相当しないケースとして補足にあたる。

相手の優位に立ちたい、相手より上でありたいといった露骨なケースはさすがに珍しいものの、する側／される側の「身分・立場」の差が、特に関わってくる関係のなかで行われるケース。頭に手をやる側は積極性を伴う身ぶりで、それを受けとめる側は受動的になる。そのイメージの差異が、二人の「上下関係」を強く浮かび上がらせる。

例えば、教師／生徒、上司／部下、兄／妹など、既にわかっていても、その関係性をより強調してみせる効果が強い。「年齢」差、「（現代的視点では好ましい用例ではないが）性別」差、身長などの「体格」差を際立たせる使い方もしばしば散見される。

この面白みは、**アクションを通じた関係差の強調に対し、する側が〝どう振る舞うか〟で恋愛展開に影響を与えるところ。**例えば、ポンポンを自虐的に行ったり、それを冗談とうそぶってみたり、何かしらブレーキをかけたかたちで行う場合には、ポンポンされる側（そして視聴者）の心を「揺らして焦らす」テイストが作られる。そのはっきりしないモヤモヤした感じが、以後の恋愛展開とその期待度をゆっくり高める効果がある。それを物語の最終盤の「後をひく恋の余韻」を生み出す演出として用いることも少なくない。

他方で、上下関係をそのまま押し出すような場合もある。キラキラ系の胸キュン作品に多い「ファンタジックで浮世離れした世界観」を強くしながら、恋する二人の障壁を禁断的な魅力で映して、刺激ある恋愛劇作りに貢献する。

D）キャラクターを補強する状況

いわゆる「王子様キャラ」が行うような場合。Ｃと関連するケースも多いが、ポンポン「してやる」のが当然といった〝上から目線〟の心情で行われるもの。

あるいは「天然キャラ」が行うような場合。スキンシップに抵抗感がなく、相手とのコミュニケーションの距離感が近い人物が行うと、Ａの好意が限りなく最小なかたちで表れる。受け手や、はた目からは「あざとい」印象を作りやすい。

どちらもやや極端な例だが、いずれも人物の性格や考え方がデフォルメされる効果が大きい。

《頭ポンポン》の応用例 ――①「髪」の再発見

他の定番胸キュンアクションと同様に、この数年で急速に《頭ポンポン》も量産・消費されていった。そのなかで、飽きがきたり、刺激が薄れたりしないように各作品と場面で使い方に〝ひねり〟が加えられている。《頭ポンポン》の場合に目立つのは、ポンポンの動作を〝否定する〟ような使い方だ。**言葉をかえれば、《頭ポンポン》することができな**

い、あるいはそれに至らない。そうした「未然」的な用い方・描き方で「新たなキュン」を作りだしてみせる。そうした好例を、同年に放送された二つの近作から確認、紹介してみたい。

一つ目は『凪のお暇』。凪はオフィス勤務時代、天然パーマを時間をかけ毎日ストレートにして、それをずっと隠してきた。だが新天地での新しい生活では、ありのままの「もじゃもじゃヘアー」で生きる。何にも囚われず自由に生きようとする彼女のトレードマークだ。そのありのままの髪が、《頭ポンポン》の活用の場になる。第2話、同じアパートに住む少女へ向ける凪の優しい面を目撃した隣人のゴンは、ベランダの仕切り越しに身を乗り出し、手を伸ばして凪の頭にふれる。


「わあ、頭気持ちいい」

「え、いつから?」

「割とずっといたかな」

「ねえ凪ちゃん……」

「頭」と台詞では表現されているが、正確にはゴンは頭にふれるのではない。盛り上がった「もじゃもじゃヘアー」の頭頂部辺りをふんわりとつかんで、わしゃわしゃするのだ。1話で少女が凪の頭を触るとき「ふわふわのワンちゃんみたい」という言葉がある通り、もふもふのペットを〝撫でる〟感じである。先にみた頭ポンポンの基本様態からは逸脱しているのがわかる。髪質のためもあるが、ペットを愛でるテイストのようだ。すっかり慣れ切ってしまい、立ち止まって考え直すことも普段ないが、《頭ポンポン》の肝は、〝髪を問題にしない〟という捨象のもとに成り立っている仕草なのだ。あくまで主眼は（髪にもふれてはいるものの）「頭」自体との接触、そこへのポンポンとする動作。

その本質からみると、通常の《頭ポンポン》が切り捨てて無視する、〝髪への接触〟をメインにしたこのアクションは、新鮮度が大きかった。その《頭わしゃわしゃ》を通じた新感覚は、生真面目に生きてきた凪の人生に突如現れた「ゴン＝新しいタイプの男性」イメージと魅惑へ見事に重なりながら、物語を盛り立てた。

また、**一般的な《頭ポンポン》は互いに安定した体勢で、アクションをする側が「手をかける」瞬間がドキッと感の始まり。**でもここでは、ベランダでしゃがんだ凪が立ち上がろうとすると、ゴンの手が待ち構えていての接触。彼女は立ち上がり切らないで中腰のままに、髪をわしゃわしゃされる。その〝自然とポンポンする手がそこにある〟という状況性と、されるときの不安定な体勢ぶりが、またいい。アクションをする側／される側、両方の基本様式を崩して、見慣れたポンポンとの異質さが引き立っている（実際凪はゴンを好きになるというより、最初に強いのは、彼の特有な空気感に引きこまれていく感じ。その誘惑的な恋のイメージも、「手に吸い込まれるように撫でられる」構図にしっかり凝縮していて巧い）。この後、凪は河原でのピクニックデートに誘われて、そこでのキスからゴンへの恋に本格的に落ちていく。

もう一つ印象的な場面が、第8話だ。実家のリフォーム代を遠回しに要求してくる田舎の母に抗えず、凪はもうやめると誓った「相手の空気を読む」行動をとって、友人との大事な起業資金を振り込んでしまう。そんな不甲斐ない自分に、雨に打たれて濡れながら「私は絶対変われないんだ」と落ち込み涙する。そんな彼女を先回りして東京から心配して駆けつけた元彼・慎二が、彼女の隣に座って、「もじゃもじゃヘアー」にそっと触れながら労わる。

「俺が好きだったのは、サラサラのストレートと貧乏くさいけど染みる飯と、俺の顔色ばっかり窺ってる控えめな性格。でも今はもじゃもじゃの方がいい」

ポイントは、慎二は手を伸ばすのを最初ためらっていること、そして触っても感触を確かめるようなソフトさで、あくまで本当に軽くふれて〝髪をつかんでいる〟だけに留まっていることだ。決して頭自体に手は到達していないし、先のゴンのように、わしゃわしゃと「揺らす」感じも少ない。これは決して《頭ポンポン》ではない。撫でるのでもない。心情的には「凪を慰めてあげたい」「自分の愛情で包んで守ってあげたい」。一般的な胸キュン感覚でみれば、もっとわかりやすく撫でて強く励ましたり、寄り添うようにポンポンするのだってありうる。でも、そう安直にできない不可能、そうしない禁止・抑制のなかにこそ、彼の真の優しさと好きが詰まっているのだ。

　このシーンと身振りが主張してくるものを、やや大胆に言うならこうだ。**恋愛劇で《頭ポンポン》をしてみせることだけが、正解でもなければ、力ある胸キュンを生む絶対的な**

公式でもないということだ。ポンポンをできない弱くて臆病な人間もいる。またそうした人だけが持ちうる「愛情の繊細さ」というのもある。そうした部分を描くのもラブストーリーの使命であるし、そこにこそ基本や典型に囚われない胸キュンは生まれる。《頭ポンポン》が定番の胸キュンモチーフとして一種ブーム化したことによって、忘れられていた「髪」と「髪へふれる」アクションがこの作品で再発見された。その見逃されてきた「優しさ」の描写と方法は、〈反‐胸キュン〉的といってもよい。

　これまでの一般の《頭ポンポン》が〝刺激あるキュン〟を生むのが基本だとすれば、この作品にある「もじゃもじゃヘアー」への接触は、胸にじんわりくる〝温かくも切ないキュン〟の最たるかたちである。キャーと反応したり、ドキッとするものではないが、ポンポン隆盛の時代――「髪」というキーを置き去りにしたラブストーリー作り――のなかで、この〈様式〉を、ヒロインをめぐる二人の恋敵双方のアクションとして、恋愛劇に積極的に入れ込んだ意味は小さくない。そして、そこで感じた「キュンの新鮮味」は、《ポンポン》に慣れ切った視聴感覚を問い質し、リニューアルもさせてくれた感じだ。

《頭ポンポン》の応用例 ――②未然形

もう一作は『初めて恋をした日に読む話』、通称「はじ恋」である。第1話、物語冒頭での出逢いを印象づけたのが、春見がユリユリこと由利のトレードマークである「ピンク髪にふれる」シーン。塾講師の職も辞めることになり、歳を重ねるばかりで未来に悲観ぎみの彼女には、自由に青春を謳歌し、希望と可能性にあふれるユリユリたち若者が眩しく映る。警察に補導されそうな彼らを助けて逃げてきた高台でのやりとりは、こうだ。


「笑ってくれ！ 若者たち、私は風よりも自由なニートだ」

「この間から思ってたけど、何かあんたって大人っぽくねえな」

「ばーか！ 残念だけど大人だよ」

（独白：どんなに馬鹿やってみたって、君たちみたいな無敵な時間は、私にはもうない）

「大人って警察から走って逃げたり、保護者怒鳴ったりするわけ？」


このあと、春見がユリユリの髪に〝手を掲げ〟て「無敵ピンク、いい色」と言う。自分の人生へ介入してくる父親への反発で染めた髪。それを称賛されることは、ユリユリにとっては自分を認めてくれた節もあって、衝撃的に心にひびく。ユリユリはこの時点では恋に落ちたという感じではないが、これをきっかけに芯をもつ〝変な大人〟な彼女に関心を強めていく。

ここでのポイントは、**春見が頭を「ポンポンしていない」ことに尽きる。**あくまで彼女がするのは、ユリユリの前髪の少し上辺りをふわっと触るだけ。カメラ角度が絶妙なこともあって、一見馴染みある《頭ポンポン》と見間違えそうになるが、もう〝手の届かない〟若さに対する憧憬をこめて、青春らしいビビッドなピンク色の髪に〝手を伸ばす〟。ふれられない過去へ、手をかけるようにして。ここでも頭ではなく「髪にふれる」に比重が置かれていて、その新鮮な光景で恋愛劇を彩っている。会話で強調された「大人」の春見が、ひと回りも歳の離れた「年下」のユリユリの頭をポンポンすれば、どうしても年齢や立場の〝差〟が際立つ。「C）上下関係の強調」が出てしまう。でもこのシーンでは、それを周到に避け、鮮やかなピンク色の髪にふれる／ふれられるという、ソフトでそれでいて意外性のあるスキンシップで「爽快なキュン」を誘発しながら、歳の差を不思議とあまり感じさせない「恋の始まり」をうまく演出している。

このシーンと対比になって、物語の大枠を作るのが最終回。東大受験合格とともに、春見に想いを伝えるユリユリ。それを彼女は、教師としての矜持と彼の将来性を思って、「バイバイ、ユリユリ」と別れを告げる。彼女もユリユリが大好きだが、自分の想いを大人として自制する、何とも悲しい場面だ。その別れ際で、春見は出逢いと同じように、もう一度「ピンク髪にふれる」。同じ高台というロケーションもあって、反復のように捉えそうになるが、じつは1話とは様相が違っている。今回は髪に触るというよりは、ギリギリ〝ふれるかふれないか〟で、髪の表面に手を押し当てているに過ぎないのだ。さすがにこれを《頭ポンポン》と取ることはないだろうが（でもそうした安易な見方・反応もちらほら見かけた）、ここにも頭ポンポンの未然、いや《ポンポンの不能》が隠れている。出逢いで髪に触れたのは、アラサーという大人目線からの、彼の若い年齢がもつ可能性が無限大の「無敵」ぶりへの憧れと賛美のためだった。だが最終回のここにいる彼は、大学合格もさることながら、その前で描かれるように、受験日に春見が事故にあった報せを受けながらも、心配よりも自分の未来のための受験を選択した。

つまり、必要なことの分別ができるほど成長をみせ、かつ成果もしっかりと出した。もう十分立派な大人の仲間入りをして、この場面に立っているのだ。彼女がそれを「誇りに思う」と語るように。髪色は同じでも、ユリユリのピンクはもう若さゆえの「無敵さ」ではない。だから春見は以前のように、髪を無造作に撫でたり、頭ポンポンに近いかたちで触れることはできないのだ。

もちろん恋愛面でユリユリへの恋心として、髪に近づけたその手で、もっとふれて愛情をぶつけたいだろう。胸キュンストーリーの視点であえてみるなら、《頭ポンポン》をしてもいいし、したいような状況だ。でも彼女は、ユリユリが初恋であることもふくめて、自分の抱えている気持ちの大きさと強さをよくよく知っている。彼にこれ以上ふれるような仕草をしてしまえば、必死に自分のなかへ押し込めようとしている「好き」が溢れかねない。その意味において、彼女の手は、まだ恋にさえ落ちていなかった1話よりも手前のところで、髪にふれずに止まるしかないのだ。要するに、このギリギリのピンク髪への接触（抑制）は、「ふれたいけれど、ふれてはいけない」恋愛感情の深さゆえの結果。彼女の限界の恋心の表れなのだ。言い換えるなら、**ここで現出してもおかしくない《頭ポンポン》、あるいはそれに近いふれ方を《否定》してみせるなかに、切ないキュンは凝縮して詰まっているのだ。**

こうした主人公の春見とユリユリの恋を貫く「頭ポンポンの否定・未然」。それは、彼女をとりまく四角関係の劇にも活きている。それが、第8話だ。春見へ想いを寄せる同級生で元ヤン教師の山下が、ユリユリのために、そして彼を大切にしようとする春見のことを思って、別の人生を歩む決断をして彼女から身をひく。

「だから考えた。俺に何ができるんだって、決して後悔しないように今に全力を尽くした結果だ。まあ、これで春見にとって一生忘れられない男になるんだったら、それはそれで悪くねぇなって。幸せになってほしい。初めて好きになった人だから、順子ちゃんは」

別れ際に女々しい未練の影を一切みせず、「一生忘れられない男になる」道を勇断した潔さとキザが冴える台詞。これでも十分にキュンだが、重要なのはその身振り。春見を指す「順子ちゃんは」の部分で、山下は片手をポケットに突っ込んだまま、おもむろに彼女の頭にもう片方の手をのせる。しかも、しっかりとだ（ちなみにこのポケットにしまった片手はただのキザ仕草ではなく、直後にそこからホットの缶コーヒーを出して渡すためのもの。最後まで彼はソツがないのだ！）。

そして親指で頭をトントンする。髪ではなく頭を、しかも指で叩く。やや変化が効いた《頭ポンポン》を発展させた、《頭トントン》とでも名づけよう。ユリユリとの恋は《頭ポンポン》を否定するかたちで始まり、いったん幕を閉じる。それに対して、山下の片想いは《ポンポン》を遂行することで終わりを迎える。

しかも二つは春見からみて、「する／される」が反転している。何とも鮮やかな対比になっている。春見は、本命のユリユリに自分からポンポンをしない・できないが、それとは逆に、離れていく山下からはポンポンをしっかりとしてもらう。二人の男との恋愛と別れを、《頭ポンポン》の可能／不可能で見事に描き分けている。それは春見からすれば、彼女にとって数少ない恋と《頭ポンポン》とが、深く結びついて記憶化されて、まさに「一生忘れられない」出来事になるわけだ。名構成である。

こうしてみてくると、うわべの胸キュン効果を期待した使い方ではなく、しっかりとストーリーへつながる〝根拠〟をもたせて《頭ポンポン》が物語に組み込まれていることがわかる。しかもそこには、当たり前のように思っている《頭ポンポン》をするという前提自体を崩した、ひねった使い方・描き方がある。そこから生まれるキュンとラブストーリーの質感は、じつに斬新である。

定番の胸キュンアクションの進化と応用には、さまざまなかたちがある。そのなかでも、**アクションそのものを変形したり、その性質を変化させたりするのではなく、もっと根本に戻って「動作をしない・できない」というところで、新たなキュン劇を作ることもできる。**そのポテンシャルを、この二作品の《頭ポンポン》は、あらためて教えてくれた感じだ。

02 「教卓」が作る告白劇
——『近キョリ恋愛』

あらすじ

『近キョリ恋愛』（2014・東宝映像事業部）……感情表現に不得意な面のあるクールな女子高生・枢木ゆに（小松菜奈）が、大人な魅力あふれるツンデレ教師・櫻井ハルカ（山下智久）に、英語の補習授業をきっかけに、次第に惹かれていく禁断の学園ラブストーリー。学校内で秘密にする恋、海外留学を夢見る彼女を後押ししての別れ。王道の展開と「お姫様抱っこ」などの胸キュンアクションも豊富だった。

#禁断の恋　#緊張の空間作り

《机の下》という方法

胸キュンを作りだす鉄板モチーフの一つに、《机の下》がある。本来人が入らない、その狭くて周囲から隠れた空間に、二人あるいはその一方が潜ることで、生まれる恋の急展開だ。学園ものでいうと、「教師／生徒」などの禁断の恋をめぐって、何らかの理由で《教卓》の下に生徒が潜んでいる、かくまう、あるいは二人で一緒に隠れる、といった使われ方が目立つ。例えば、90年代の純愛ラブストーリーの金字塔的ドラマ『高校教師』（1993年・TBS系）の1話では、知り合ったばかりの二人が近づくきっかけとなったのは「生物室の机の下」だった。近年でも、教卓とは違うが、その変奏ともいえる「音楽室のピアノの下」に生徒が隠れて、二人の運命の出逢いをロマンチックかつ魅惑的に描いた『純愛ディソナンス』（２０２２年・フジテレビ系）なども記憶に新しい。挙げたのはほん一例だが、**《机の下》を用いた恋の始まり、恋愛の急転の作り方は、何十年経っても力を持ち続けている。**

これを利用した数々の作品群の中でも、効果が絶大に発揮されていて特に印象深いのが、映画『近キョリ恋愛』だ。物語もちょうど折り返しを迎える半ば、なかなか思うように「好き」を伝えられないでいるヒロイン・ゆには、授業開始前にこっそり《教卓の下》に隠れる。授業を始めて、それに気づいた英語教師・ハルカが驚き、それとなく屈んで二人が急接近する。ゆにが告白の言葉を記したノートを掲げて見せ、それを受けてハルカからキスを交わすという場面展開である。

こうしたシーンは、通常起こりえない少女漫画的で「非日常なシチュエーション」と片づけてつい終わりがちだが、実際にはそこには幾つかの要素が絡まって、複層的に成り立っている。一つ間違えば、〝ありえないじゃん〟という冷ややかな現実的反応もかえって来かねない状況と設定。そこで〝キュン〟を支えているあれこれは、どれが欠けても、その衝撃と感動は十分に生まれない。その作り込まれた構造と効果をみてみたい。

場面を構成する三要素

このシーンによって起こる、視聴者の感情を追っていくと、ドキドキする「緊張」と、そこで起こる出来事に対するワクワクを主とした「興奮」が混じる。後者は二人の展開を通じて、わかりやすく何が起こるか見えてくる。だが前者は、ちょっと曖昧というか、抽象的だ。それをもう少し分解すると、①状況自体に対する緊張（の認識）と、②当事者である二人が感じている緊張（への共鳴）。この二つが混じっている。

何もない・誰もいない教室で、二人が《教卓》で仮にそうしたアクションをしたとしても、単なる〝遊び〟にしかならない。刺激的なイベントとして成立するには、一つ間違うと〝見つかりそう〟、〝バレてしまうかも〟というギリギリの緊迫感が欠かせない。それが①だ。その緊迫感をもたらすのは、**場面構成の柱となる「場所（空間）」「時間」そし**

て「音」である。その三つすべてで「ギリギリの緊迫感」を出してみせれば、効果は絶大。それを本作品は、この一コマでしっかり作って優秀なのだ。

まずは「場所」。ゆにに気づきハルカの動作が止まった最初、目の前の生徒たちから「先生どうしたんですか？」と問う声がある。だがそれをかわしたあと、ハルカはペンを故意に落として教卓の下に屈んで、キスをし終えるまで、授業はずっと進行し続けて、誰も二人に気づくことはない。どこかで誰か一人に勘づかれてもおかしくない状況にさらされているわけだ。特に端っこの席に座る生徒からすれば、教卓（の下）は見えてもおかしくなく、かなりギリギリな状況なのだ。

学校においては本来、「教壇に立つ教師／席に座る生徒」は、物理的に等距離を保つ。もちろん席はそれぞれ違うので距離自体は違うが、座っての授業中は、板書に出てくるなど以外は、その距離は基本そのまま。物理的にだけではない。そこでは社会的規範や倫理が強く働いて、精神・感情的にも互いに〝キョリ〟を侵犯し合うことは基本ない。そうした教室という場所の「空間性」を侵犯するからこそ、そこでの出来事が強烈にドラマチックになって見える。

次に「時間」。キスのあいだも授業は進んでいく。当てられた生徒が教科書を音読している。それは自習などと違って、必ずどこかで、文章やパラグラフなりで「終わり」を迎えるものだ。つまり、空間のギリギリだけでなく、時間的にも制約がある限界状況に置かれているのだ。ハルカが教卓に潜ってから立ち上がるまでは、約一分近く。二人の世界に浸ったキスも、三十秒近くと長い。見えない死角で、恋する本能と衝動、相手への想いが、いつ訪れるかわからない迫りくる時間の締切と格闘している。**そのキリキリ感もシーンを盛り立てて、キュンを高めている。**いま教卓の下に潜る、そしてキスをする時間を「長い」と書いたが、実際にはそれ以上に二人は長く感じているというのも肝だ。流れる現実時間よりも濃厚といったほうが、わかりやすいだろうか。さらには二人が交わる・ふれる《教卓の下》での時間をコントロールしているのは、あくまでハルカ。彼の意思次第でその長さは変わる。そんな意味で、ペンを落として作った時間は彼女にとっては、与えられた時間として特別感満載でもあるのだ。

そして「音」だ。指名された生徒が教科書を読む音読は、それ以外の生徒たちに黙読を強いる。読む声に周囲が耳を澄ます「静寂」のひと時が生まれる。そのなかで、目は教科書の英文字に傾いているが、耳も集中力を尖らせていて、**普段以上に、他の音はノイズとして響きわたる状況だ。**そんななかで、どれだけ囁き声といっても、屈んだハルカが唯一発する「お前」も、あるいは、ゆにが想いを綴ったノートを大きく開いてみせる「バサッ」という音も、視聴者にひりつく緊迫感をもたらす。そして、それ以外の音を立てずに進む二人のやりとりは、とびきりの緊密感だ（他の音のない映画館でこれを鑑賞した人は、このときの二人の「小さな音」が「大きなひびき」であるのをより直観的に体感したはずだ）。

このように、《机の下》というモチーフがただ設定というだけでなく、三つの制約で作られ、本作ではそれがきちんと描かれているのがわかっただろう。「状況自体の緊張感」と一口にいっても、これだけの要素が絡み合って、その一つひとつでドキドキを高め、シーン全体の緊迫感を高めているのだ。その相乗的な効果があるからこそ、この《机の下》での出来事は、当事者の二人にも、視聴者にも、異様な緊張感と興奮をもたらすのだ。

と同時に、これらのギリギリのシチュエーションのなかで、結果的に《教卓の下》の二人は、他の生徒たちの意識や目線を寄せつけない。誰も邪魔できない「異世界感」を伴って《二人だけの世界》を現出させている。二人きりという状況自体なら、例えば自宅の部屋などいくらでも他にありうる。だが第三者、それも大勢の視線があるかどうかが肝。それに晒されながら、監視されながら、でもそれらをまるで振り切るように、そこにいる他者の存在を忘れてしまうかのような「リアルからの隔絶」が、二人の恋を独特の〝秘めたロマンチックさ〟で包んでみせる。と同時に、見つかる危険を背負ってでも「現実から、恋の世界へ」飛び込む、迷いを捨てて腹をくくった〝大胆さ〟と〝行動力〟に、キュンとさせられる。

カメラ演出や演技がさらに華を添える

ここでもう一つ見逃してはいけないのが、視聴者の（無）意識の巻き込み方。ハルカは、最初は「バレないように」と他の生徒たちに意識を向けているが、しゃがんで以後は、目の前にいる彼女へ一気に傾注してとめどない。それにぴったり呼応する形で、観る側の意識も、①の「状況設定的な緊張感」から、②の「当事者の心情的な緊迫感」へ、ドキドキ・ハラハラを増幅させながら、重なるように変移していくことになる。

この**〝意識のスイッチチェンジ〟を描き込めるかどうかも、胸キュンの作りでは大きい。**それを巧みに作りだし、二人の〝内面の劇（ドラマ）〟へ観る側を強く誘う面でも、本作の《机の下》は見事な演出になっている。

キスに入ると、カメラはズームアウトして「教室の中にある教卓」を俯瞰的に捉えてみせる。すっかり彼らに惹きつけられ、二人の心境・行為のほうに、ぐっとキョリを縮めていた視聴者は、これによって〝現実〟へ意識を戻される感じがする。その感覚のなかで《教卓の下》で巻き起こっている非現実な劇を、絶妙な距離感と余韻のなかで見守るしかなくなる。出来事のありえなさも、生々しさもすっかり飛び越え、キスを続ける二人の光景は、どこか「そっとしておきたい」「保存しておきたい」ような、妙な〝荘厳さ〟と〝威光〟さえまとっている。見ていて「キャー」という歓声をあげたくなる。だが同時に、それをこえた〝感動・感銘〟もしっかり感じとれる。そこには、ただシーンに没入して見入るだけでなく、「リアルな教室空間に、非現実の二人の空間がある」のを、視聴者がちょっと引いて観たときの心の動きも大きく関係している。その経験を挟み込む作り方が、巧いのだ。

　そんななかで、ハルカが「カッコいい」キャラを貫き崩していないのも、見逃せないポイントだ（この辺りはシーンの細部であるため、意識的に観ることはないかもしれない。でもそれだからこそ、ぜひ再鑑賞してほしいオススメ箇所でもある！）。まず「顔」がイケメンであるのは言わずもがな。それよりも身振りについて注目してほしい。シーン冒頭から既に決まっている。〝軽妙な手つき〟で教室の引戸を閉める。教卓でしゃがむ口実を作るときも、ペンをスタイリッシュに回転させて、見事に自分の真下へ落下させる。まるでプロ手品師のような〝華麗な指さばき〟を見せる。

　そして、しゃがむ動作は完全に座りこむのではなく、左手は教卓をつかんだまま。相当にアンバランスで、不格好にも映る体勢ながら、それを感じさせない〝スマートさ〟を維持しながら、キスを遂行してみせる。シーンや出来事の〝非現実感〟や〝非日常感〟を、ハルカのこの一連のサマになった見惚れるような「外貌」と「動作」のなかへ鮮やかに回収し、消化＝昇華させていく感じで、不満を挟む余地を与えない。胸キュンの鑑賞・消費は、もちろん前後の文脈などもあるが、それがキャラクター的に〈許されるかどうか〉、誤解のないよう言い直すと、**その人物の行為として〈フィクション的な説得力〉があるかが大事になる。**その点でも、ここでのハルカは申し分ないのだ。

作品テーマの「距離」と《机の下》

そして「机の下」は、シーン内の構図でも効果を作る。必然的に〈上／下〉〈高／低〉の差を際立たせるかたちになる。シーンを追ってみると、まず身を小さくして教卓下に潜むゆにを、ハルカが発見して〈見下ろす〉／ゆにがハルカを〈見上げる〉カットで始まる。他の生徒たちに秘密裏に交わされる、この高低差ある〝目線のやりとり〟だけでもキュン要素だ。加えて、その高さのズレのなかで、彼女はノートをみせて勇気の「告白」をする。下から上に向かって。

そのまなざしと表情は、単にまっすぐで純粋なだけでなく、高さが絡むことで「届きそうにない」先生のハルカへの〝懇願〟と〝必死さ〟を強調するかたちで、格別の切なさとときめきを感じさせる。そしてこの高低差・距離感が十分強調されたあとに、ハルカがしゃがんで生まれるのが「目線の対等」と「身体の接近」の達成。教師／生徒という決定的な上下関係にある二人が、同じ高さになって、密接な距離感で接する。その流れと構図が、躍動した高揚感で視聴者にキュンを与える。

キスシーンは〝キス〟行為それ自体よりも、文字通りキスをする「シーン」を構成することに意味がある。どんなにキスが濃密でも、そこに想いが詰まっていても、唇自体で、あるいはキスをする動作だけで、深いキュンは作れない。むしろキスの前後にこそ、心躍らせる本質は詰まっていることが多い。ここでも例にもれず、キス手前のシーンの助走から、「高低」から「水平での至近」へという運動でもって、良質なキュンを可能にしている。

二人の恋が禁断であるのは、言うまでもなく社会的立場と身分が決定的に違っているためだ。年齢差や身長差も含め、先生は「上」で、彼女は「下」の存在。その障壁に捨て身で挑むように、それを越えるように屈んだハルカ。実際はキスという物理的・身体的なキョリを「0」にするところが場面のピークだろう。だがそれと同じぐらい、教卓という〈机〉をよくある一時的なかくまいなどではなく、二人の緊密な空間を作るのに徹底し、それを〝禁断の告白劇〟の舞台としてフルに活かしてみせた。ゆにの告白のドキドキ、その答えがどうなるのかのハラハラ、それに応じるハルカのキスのヒリヒリ。どれも刺激的だが、大前提としてそのどれもが、そもそもその告白劇の舞台自体が、ありとあらゆる〝緊張〟で囲まれていて、構図的な深みもしっかりとある。

そうしたバランスよくも全方位的な効果が、比類ないキュンの秘訣だったと言える。

03 「不意打ちキス」は美しく……
――『中学聖日記』

あらすじ

『中学聖日記』（2018・TBS系）……田舎の中学校へ赴任した教師・末永聖（有村架純）が、婚約者の川合勝太郎（町田啓太）という存在がありながら、一途に恋心を向けてくる担任する男子学生・黒岩晶（岡田健史）と、10歳差の禁断の恋へ落ちていく。思春期の恋心と生涯をともにする愛情でゆれる二人の軌跡。

#思春期特有のキュン　#キスとハグの成長

思春期ゆえの「不意打ち」の破壊力

この作品は、中学教師と生徒の禁断のラブストーリーながら、危険さと立ちはだかる障壁に焦点を当てるだけの恋愛主義的な作りにはしていない。保護者・同僚教員といった社会からの厳しい目からも多角的に主題が追求され、未成年者の恋愛と性をめぐる「許されなさ」「倫理観」にも訴えた名作だ。

しかしそのなかで、二人の恋が徹底的に〝ピュアな美しさ〟で彩られ、極めて純度の高い〝澄んだ世界観〟で包まれていて圧倒的だった。恋が美しく可憐であればあるほど、その罪も危険さも、切なく鋭くひびいてくる。若さと青春だけのキラキラ輝いた恋愛ではなく、あくまで作品が捉えようとするのは、タイトル通り、中学生という「多感な思春期」まっただ中にある、黒岩の恋愛感情。その心の動きは、**自覚が追いつかなかったり、自分でコントロールが利かないことも多く、複雑で不安定。**その乱高下する恋心から生みだされる数々の胸キュン展開が、教師の聖だけでなく、視聴者の心も振り回すようにして、異様な衝撃を各話でみせつけた。

なかでも特に印象的だったのが、第４話である。黒岩から花火大会後に会いたいと告げられながら、ギリギリまで迷って遅れて駆けつける聖。でも彼の姿は見当たらない。一人寂しげに夜の浜辺に佇んでいると、そこに彼が現れる。そのやりとりの先で、キスをする場面だ。

会話の途中、泣き崩れてしゃがみこんだ聖に、黒岩が手を差し伸べる。その手を借りて彼女が立ち上がり、距離が縮まり、**目線があった瞬間。何かを考えたり・感じたりする間もない素早さで、突然、彼が唇を寄せる。**いわゆる定番の《不意打ちキス》というやつだ。このアクションでとにかく肝となるのは、ストーリーの流れ、そして相手の心境的に「想定外」であること。そのために一番重要となってくるのが、アクション前後の展開で、どう〝緩急〟をつけられるか。その方法と質にかかっている。ここではシーン直前で、互いの心境が「恋愛（相手）を嫌悪する」ようなドン底まで、一回盛り下がっているのが大きなポイント。それは悲観と厭世観にあふれ、救いがたいほどの奈落ぶりだ。人物も視聴者も「希望」や「期待」をすっかりなくしている。そこからの〝急転回〟だけに、インパクトがより強烈なのだ。

シーンをひも解くと、最初にあるのは、稚拙で安直な、何とも中学生らしい場当たり的な恋心。「最悪、別に不倫でも」いい、それがダメなら「今日だけ、僕と一緒にいてください。それで僕、先生のこと諦めます」。「ダメです」と拒否する聖に「先生と生徒とか。婚約者がいるとか。全部なしにして先生のことが知りたい。僕のことも先生に……」とさらに迫る。大人／子供で大きくズレた恋愛感情。ここからの〝心情の転落〟が怒涛だ。

「知って、そのあと忘れるってこと？」
「そうです」

「知ったら……もっと好きになっちゃうかもしれないのに？」

「だって！　忘れないと／じゃないと困るから！　先生が！」

「先生って呼ばないで」（＊腕をつかむ黒岩に抗いながら、聖が砂浜に崩れ落ちる）

「そんな資格ない。先生って呼ばれる資格……」

（独白：何だよ。めっちゃ恥ずかしいことしゃべって、答えてもらえなくて、何かもう……

めんどくさくなってきた）

「先生は…どうしたいですか？」

「家に帰りたい」

「正直…僕もです」


黒岩本人は懸命に聖に合わせた〝大人〟の言動を試みようとするが、「不倫でも」「今日だけ」、そしてすぐに「忘れる」と、計画性の無さと考えの軽薄さ、いまの衝動消化だけに目が向いて彼女との恋愛を丁寧に見ることができていない。そうした若さゆえの〝その場〟的な恋心が、ひどく際立っている。そんな年頃だと分かっていても、大人の聖にもそれを受けとめる余裕がない。若さの勢いに任せて、とめどない想いをぶつける黒岩と、教師・大人として一線を越えまいと踏み留まろうとする聖。互いに強い想いを胸にしながらも、年齢と立場、価値観のズレのなか、すれ違うやりとりが二人の溝をひたすら深くする。

その感情劇だけならばまだしも、ここで特徴は、その互いのモヤモヤと落胆が、「家に帰りたい」気分にまで達して、しかも二人ともが一致するところだ。思春期只中の十五歳らしく〝急な心変わり〟で、冷淡なまでにすべてが「めんどくさく」て嫌気がさす、投げやりな感情が彼のなかで一気にせり出してくる。それまであった感情の熱や高揚はどこへやら、驚くほどあっけなく冷める。恋の押し引きの張りつめていた緊張も一気に緩み、自己嫌悪をふくんだ〝沈鬱〟だけが立ち込める。黒岩だけでなく、聖も何をどうしても悲哀にしかならない〝暗澹たる空気感〟のなかで、すっかり「恋愛モード」どころではなくなっている。決定的なのは、その諦め醒めた心情を「先生は…どうしたいですか？」と、優しさに混ぜて、全部聖へ委ねる感じ。彼はこの場を放り出したい、それを自分からではなく、彼女の「家に帰りたい」の言葉を待つかのように寄りかかる。その独りよがりぶりも相まって、二人の恋愛事が〈現実世界〉へ引き戻されていく。そしてこの後、このまま帰る展開になるのだろうという確信が、シーンと視聴者を強く覆う。

　そんななか、帰宅するべく、黒岩が聖に手を差しだす。それは座り込んだ彼女を起こす、力を貸す「気遣い」としか映らない。だが、現実へ帰還してしまうという〝視聴者の確信的な予想〟がそこで見事に裏切られて、立ち上がった彼女と目があった瞬間、彼の「恋愛スイッチ」が再び急に入り、《キス》に及ぶのだ。よくある不意が生むドキドキ感よりも、衝撃感のほうが強い。気遣いで伸ばした手は、〈腕をつかんで相手を引き寄せる〉胸キュン定番の手に変わる。意図してではない。手を貸すだけだったのが、至近距離で見つめたとき、遡及的にそう変わったのだ。そのときには、もう彼はいわゆる《二の腕を引っ張ってキス（ＮＨＫ）》の渦中にいる。つまりアクションを起こす人物自体が、恋心など無にしたなかで無意識で胸キュン劇へ突入した。こうした予想外の展開が**多感な年頃の読めない〝心境の荒波〟から生みだされたことで**、たしかな説得力をもった彼の恋心としてひしひしと威力絶大に伝わってくるのだ。

　二人を包む冷徹で現実的な雰囲気から、再度訪れる「非日常的なロマンチック」へのムード転換。そこで繰りだされる《不意打ちキス》は、こうしてすさまじい訴求力でもって、観る側を引きこむ。しかも「先生って呼ばないで」と泣いて座り込み、黒岩につき放された聖の姿は、まるで〝不憫な悲劇のヒロイン〟のようでもあることも、さらにキスシーンを勢いづけている要素。黒岩が手を貸す身ぶりは、悲しみにくれて堕ちた彼女をグッと救い上げる〈お姫様抱っこ〉的な要素もふくみ込んで、キュンを増強してより魅惑的に感じられるのだ。

「子供の恋」からの成長

しかしここまでだけであれば、刺激的ではあるものの、思春期の移り気が引き起こした「衝動的なキス」に過ぎない。そんな印象にもなるだろう。しかしそれを越えていく更なる展開が、このあと待っている。

不意にしたキス直後にみせる黒岩の表情は、じつに幼くあどけない。そこには、ぞんぶんに「生徒」の色が滲みでている。その面影のもと、間髪を容《い》れず発せられるのが「もう一回いいですか?」。《おかわりキス》の懇願だ。胸キュン的には「~してもいい?」や「~しちゃうから」といった、**言葉での相手へのアクション許可は、単なる甘えたお願いをこえて、その「言語化」それ自体が、相手の諾否に関係なくキュンを誘発する演出テクニック。**最初のアクションが《不意打ち》だったことで、その次の〝予告の台詞〟は、いっそうのキュン劇を期待させる。加えて、この追撃ともいえる一言は、シーンのもつ

〝ふり幅と奥行き〟をいっそう深く突きつけてくる。
《唐突に唇を奪うキス》は、大胆ながら、それは大人というより、怖れを知らない少年らしかった。でも、そのあとの言葉にしての懇願からは、少し大人びた様子もうかがえる。つまりこの追撃も一見発作的にみえなくもないが、決してあるがままの欲望を押しつけるのではなく、いったん〝理性〟と〝冷静〟で自分とその暴走を留めてもいるのだ。不意打ちで口づけた衝動と自分勝手さ――相手の感情を無視していた子供っぽさ――を諫めるように、続く二回目のキスはその「やり直し」というテイストなのだ。今度は、丁重な〝相手とのコミュニケーション〟を交えて、大人の紳士さで行おうと振舞う。

　そして、聖の「落ち着いて」という大人な制止の声に対して、それを打ち消すように「誰が何言おうと関係ない。僕…先生が好きです」とノンストップに想いをぶつける。その強い意思に貫かれたまっすぐな告白ぶりは、年齢や立場関係をこえて、惚れ惚れする実直純潔ぶりだ。つい直前まで「生徒」の影が濃かった黒岩は、ここにきて、モラルを備えて自分自身の意思を明確にした上で、覚悟を決めた大人へ近づいた。少年と大人の狭間の、青年のようだ。口調も熱っぽくもなければ、変な力みもない。優しく本音をあるがまま吐露するように自然なトーンが際立つ。若さの衝動ではもうない。かと言って、無理に背伸びして大人ぶる感じでもない。未熟な青年ではあるが、最大限可能な限り「大人」に負けない誠実な一人の男であろうとしている。だから彼のくりだす言葉も、二回目のキスも、すっと心に入ってキュンとさせる。

　こうして、彼から「衝動的なもの」がさしひかれたとき、聖への愛情表現は「子供／大人」「弱さ／強さ」「未熟／自立」を不安定に揺れ動くところから、ほんの少し後者の側へ《成長》をみせて、その狭間にすっと落ち着くような感じ。その恋心も複雑に絡み合う情や念、甘えもプライドもさっぱり落として、ありのままの自分でいる〝ピュアさ〟だけが際立つ。そうして、聖に向けてまっすぐに「好き」を伝えることができた。その純粋な恋心に裏打ちされた良質な言動に、聖も視聴者も虜になるしかないのだ。「先生と呼ばないで」と言われながら、しかし彼は生徒として「先生が好き」なのであって、その気持ちを「青年」的になりながらも、飾らず言葉に表明してぶつける。その辺りの大人になりきれない絶妙な〝ピュア感〟もいい。そして二回目のキスは、最初の発作的なそれとは真反対に、ゆっくり時間をかけて静かにソフトに進んで、彼女を包み込むように抱きしめる……。しっかり彼は、シーンのなかで、とくにキスシーンの十数秒で劇的な変化をみせているのだ。

この一連の展開ぶり、そして黒岩の告白表現を「尊い」と形容したくなるのは、このシーンをこえて、ストーリー全体レベルでも、この場面の彼に《成長》が見て取れる構造になっているためだ。出逢いから、二人が一線を越えてここで結ばれるまで、彼の聖への想いと行動は、いつも「衝動」そのままで、その域をでることなく失敗を重ねてきた。第1話、自分で制御できない苛立ちをぶつけた聖への平手打ちと鷲づかみにした両手。第二話、手を引っ張っての体育館倉庫への連れ込み。怪我を心配して彼にふれる聖に高揚しての、突然のハグ。倒れた母の元へ向かう自分を駅ホームで見送る聖を、発車間際で列車へ引きこんだ腕引き。また第4話、花火大会の約束を交わす場面での、これまた腕づかみ。どれも強引で身勝手に彼女を引き寄せるばかりで、いつも聖はそれに抵抗し拒絶をみせてきた。まさに思春期特有の爆発的な「衝動と欲求」の押しつけ感が強かった。

その自分本位で力任せな部分を、黒岩は二回目のキスで克服している、少なくともそうしようと努力している。丁寧な「おかわりキス」の要求も、キスの仕方もだ。そして一番成長を感じるポイントは、ハグのソフトさだ。それは第二話のハグで印象的だった、抱きしめられた聖が「骨が当たって痛いよ」と困惑した強さと勢いに比べて、見違えるテイストである。

たしかに一方的で粗雑さもあるものの、それまでの黒岩の積極的で諦めないアプローチがあったからこそ、このシーンへ辿り着くことができて、聖の心も動いた。そういう捉え方もあるだろう。だが同時に、中学三年生の一学期という短い間で――しかし、それはこの年頃にとっての重みとしては、とてつもなく長く濃密な時間のなかで――思うように恋が進展しなかったり、感情をコントロールできない葛藤を抱えたりしながらも、彼なりに聖への想いを、憧れや一時的な思い上がりではなく、確かな「恋」へと少しずつ熟成させていったためであるのも事実だ。その証として、二度目のキスをする彼は、恋愛スイッチが入ってアクセル全開ながら、直情一辺倒で自分本位ではなかった。彼のしぐさや身ぶりに思いやりがふくまれ、その結果優しくできたように映る。本人は繰り返し「先生に優しくしたい」、それだけでいいと願ってきた。そしてここでようやく、その通りに「優しく」触れることができた。その成果と変遷だけでも、何と素晴らしいことだろう、と感慨深くなる。

彼がここで急に意識したわけでも、もちろん誰かに教えられてやったのでもない。打算なく「好き」を大切に見つめ、それを一生懸命伝えたい・伝えようともがく過程で、自然と作られたありよう。だからこそ、純真な行動に見えるのであり、聖と観る者の心をしっかり揺らす。そんなまっすぐな心がみせる小さな成長、**人を好きになることで自然と生まれる「神秘的」ともいえる精神変化。**それが、このシーンと二人を「尊い美しさ」で照らしているのだ。

付け加えると、このシーンの成長したキスと身振りが、どれほどまだ幼く未完成なものであるか。それをこのシーンから数年後を描く物語後半パートの第8話で、さらに大人になった黒岩がみせるキスで、再度突きつけられることになる。それもふくめて、単なる恋愛の進展だけでなく、彼の愛情表現面での〝成長を見届け〟味わう物語としてキュンが深いのだ。

04

「壁ドン」は進化する①

——『L♡DK』シリーズからの総復習

あらすじ

『L♡DK　ひとつ屋根の下、「スキ」がふたつ。』（２０１９・東映）……女子高生の西森葵（上白石萌音）は、学校一の人気者・久我山柊聖（杉野遥亮）とひょんなことで同棲を始める。最初の印象は最悪だったが次第に惹かれ合う二人。そこへアメリカから来た柊聖のいとこ・玲苑（横浜流星）が、二人の仲を認めないと割り込み、三人の奇妙な同居生活が始まり、三角関係が深まっていく、学園ラブストーリー。２０１４年に別キャストで初実写化された第２作。

#距離の急接近　#足ドンと壁ギュ

《壁ドン》の基本原理

胸キュンといえば《壁ドン》である。それが「流行語」にノミネートされたのが２０１４年。映画『L♡DK』が、ブームの火つけ役の一つとなった。その第二弾として公開された『L♡DK　ひとつ屋根の下、「スキ」がふたつ。』（２０１９年）も、前作に増して《壁ドン》尽くしだった。第一弾からの五年間に、さまざまな作品を通じて少しずつアップデートを重ねた《壁ドン》の手法が、そこには詰め込まれていた感じだ。そんな作品だからこそ「壁ドンとは何か」、そしてそのポテンシャルをあらためて確認するのには格好の教材といえる。最初に、《壁ドン》の基本原理を整理しておきたい。

アクションするのは主に男性側。壁を背にして立った（あるいはそのように追い込まれた）女性が主にアクションを受ける。**身体を相手へ接近させながら、相手の顔の横から斜め上辺りに片手を伸ばして、壁に〝ドン〟と押し当てる。**その至近距離の体勢で、相手が身動きがとれないよう、逃げられない感じをつくる動作だ。主なシチュエーション効果には、次のようなものが挙げられる。

①距離の急接近……壁へ当てる腕の長さ分の〝近い距離〟を急につくりだす。強制的な接近が「何か起こりそうな雰囲気や予感」をひきつれて、当事者間にドキドキ感を作る。

②動作の擬音化……その名の通り、手を「ドン」とやや強めに押し当てる。でも映像から受ける印象としては、音は手から鳴るというより、体を相手に寄せる迫力や速度、急に迫る状況性が一体となって、アクション自体の音としてひびき、

その〝瞬間〟を強調するテイスト。

③キスシーンの仮構……体の接近が、自ずと互いの顔も至近距離にさせて、見つめあうかたちをつくる。その姿勢が「キスに至る手前」のようなシチュエーションを作って刺激を高める。見逃しがちだが、アクションを受ける側の後部が壁であることで、恋愛作品定番の「ハグ」をしにくい、発展できない。その選択肢の排除によって、より「キス」の可能性と期待感が強くなる。実際にキスへ移行する場合、壁ドンをバネにして「壁ドン→キス」へ刺激（的なキュン）を段階化するかたちで、心情の高まりも増幅する。

④身動きの制限……覆いかぶさる体勢の圧迫感と、壁につける手による可動域の制限と遮断。その限域された空間性が、相手の移動を封じる。直接身体にふれてはいないが、される側は逃げられない感覚を強くする。接近に伴う驚き・緊張・興奮の心理具合も相まって、より動けない感じが補強される。

⑤声の特質化……間近に相手がいることで、声がよりビビッドに伝わる。声を張らなくてよい近さになることで「ささやきボイス」に自然となりやすい。また耳の近くで言葉をつぶやく〈耳つぶ〉テイストも生まれやすく、甘いアプローチを

盛り上げることも多い。アクションする側も前に壁しかなく、一方の手が塞がっているため、次にとれるアクションが強く限定される。そのため「言葉の劇（ドラマ）」が前景化してくる様態にもなる。

⑥動作主の装飾……相手を壁側へ追い詰める勢いと圧のなか、アクションをする側の高圧的な〝俺様〟的なキャラクターや台詞を際立たせる。また基本、壁に当てる手は片手であるため、アクション後は自然と、やや「キザ」気味な体勢の印象になる。それが視聴者から見て、大胆な行動と人物のキャラクター性を補強する。

⑦差の強調……する側の男性が女性よりも身長が高いなどの場合、壁を支えにして、相手に対して上から覆いかぶさるような格好になる。身長差の強調とともに、二人の間に「上から目線／下から見上げる目線」が作られやすい。それがギャップある刺激と、相互の関係性（身分や立場の差）を暗示する効果も持つ。

進化系の《壁ドン》バリエーション

こうした基本原理をうまく踏まえつつ、**それを変化・拡張させながら《壁ドン》は成長**

をとげてきた。その軌跡が詰まった『L♡DK』第二弾から、バリエーションをみてみよう。

はじめに描かれる《壁ドン》は変化型。女子高生ヒロインの葵と、学園一の人気者・柊聖が絡む場面。柊聖にひどい振られ方をした彼女が、外階段を上ってくる彼の進路を妨害して、鬱憤をぶつける。片足を伸ばして手すりをドンとする。壁につく手を、〝足〟に変えた《足ドン》である。これ自体では行く手の遮断でしかなく、壁ドンの変則型という面白さはあっても、キュンはそう強くない。むしろ、ちょっとコミカル色が強い。

だが巧いのは、その先だ。その足を彼が脇に抱えるようにして、彼女を壁側へ押し込んで《壁ドン》のような体勢に追い込むのだ。自分が施した胸キュンアクションが、場面や体勢を変えて、より強いアクションとして返される〝仕返しキュン〟のかたちを取っている。その攻守逆転劇に、ヒロインはムッとした感情を覚え、反対に柊聖はSっ気のあるキャラを主張して、インパクトある出逢いを演出している。

そのとき、足を取る反対の手にも注目だ。彼女の突き出した足を壁へ押しこむので、当然それをされる側は、背中が壁に無造作にぶつかるかたちになるので痛い。そこへしっかり配慮を効かせるように、もう一方の手は、さり気なく彼女の背中に回して〝抱き抱える〟ようなテイストで、体と顔を近づけてみせる。逆転技に《壁ドン》だけでなく《ハグ》も交えて、重層化したキュンを生んで痛快なのだ。

柊聖の状態を整理すると、左手は「足を抱え」、右手は「背中に回す」。あくまで手を壁にあてがわず、相手の足だけを利用して相手を押しやる。《壁ドン》というよりも《足ドン》された延長でやり返していて、そのアクション活用が高度で、華麗なキュンポイント。

ちなみに第一弾でも、冒頭に《足ドン》は置かれているが、そこでは柊聖（山﨑賢人）が葵（剛力彩芽）の足を持ちながら、片手で壁を叩いて正真正銘の《壁ドン》をしている。そのシーンが〈壁ドン×山﨑賢人〉の一つの象徴のようになったこともあり、前作と同じにしない、見飽きないように更新している感じだ。

ついでに演者面で加えておくと、杉野遥亮も山﨑賢人もポーカーフェイスに切れ味のある役者。その普段の顔・表情から、ふっと前者は〝ニンマリ笑い〟を、後者は〝照れぶくみのはにかみ〟を見せるのが魅力的。**《壁ドン》はそうした顔の機微を、高圧的な態度のなかで引きだしてみせる点でも有能なのだ。**両作とも柊聖は〈意地悪で嫌な奴〉、だけれど劇が進むにしたがって優男であることが段々わかってくる。そのキャラ描写の面でも、《壁ドン》は第一印象をうまく提示させて効果的に機能している。

　続いて登場するのが、一時的に彼女の家で同居することになった柊聖が、一つしかない鍵を校内で堂々と渡そうとする場面。「同棲がバレたら退学だから」と、同級生の目も気にしつつ、同棲の事実を隠そうと向かってくる葵の二の腕をつかんで、壁に押し当てる。ドンとしたのは自分の手ではない。

　あくまでつかんだ相手の腕で壁に〝ドン〟とする。いわゆる《押しつけドン》というやつだ。この形式は、直接相手の身体にふれて（基本の《壁ドン》ではふれないが）相手を壁にぶつける感じで、相当に強引でキュンの難易度的にも高い。

　でもここでのポイントは、それが最終的にきれいにオーソドックスな《壁ドン》シルエットに収まっていること。腕をつかむのとは逆の、右手のほうはノートとペンケースを持ちながらも、壁にしっかりついている。そちらは映像的にも効果音的にもほとんど強調されないが、気づくとそういう体勢に結果なっているのを見せられるかたち。《壁ドン》に変化を与えた《押しつけドン》でありながら、きちんと《壁ドン》の面影を最後に与える。そのサマは「⑥キザ」ながら、何事もないようにサラッとした華麗な身のこなしで、その残像と余韻もふくめ、キュンが大きい。

そして、柊聖の従兄弟の玲苑（横浜流星）が、校内で次々に女子に声をかけて柊聖の彼女を探すくだり。「柊聖の女なら簡単に俺になびくはずがない」ことを試すため、これはという女子生徒に《壁ドン》を繰り出していく。そこでも発展型の《壁ドン》が描き込まれている。

一人目は、最初は典型的な《壁ドン》にみえる。でも「ドン」の音が二度ひびく。壁に手をつくドンと、される側が「えっ」と驚いて壁に背中をぶつけるドン。これは《壁ドン》に限らないが、胸キュンアクションでは、その動作を劇的にみせるために、カメラアングルを変えながら、同じ一つのシーン（コマ）を反復して誇張して演出してみせることが少なくない。《壁ドン》も例外ではなく、反復演出されるときには、ドンの〝音〟がカットの回数分、重複して鳴りひびく。

だがここにあるのは、そうした作られた効果音ではなくリアルな音だ。《壁ドン》「する側／される側」の瞬間・反応が、ストレートに二つの生の音で映しとられている。そして壁につけた掌を、するりと滑らせて手から肘全体が壁にふれるかたちへ体勢を移動させる。壁との距離が、腕を伸ばしている通常の《壁ドン》よりも近くなる。

《壁ドン》よりも、緊張と刺激を増した発展型の《肘ドン》である。《肘ドン》の本質は、それが《壁ドン》の変化形ということよりも、実際にまず《壁ドン》をしてから、それを展開させて作る動作であること。

つまり《壁ドン》は土台であり助走で、そこからさらに〝より近くなる〟を作りだすところに魅力がある。いきなり《肘ドン》するケースが皆無なわけではないが、基本的な使い方と効果としては、あくまで段階活用が基本となる。ここではその《肘ドン》と同時に、もう片方の手で「顎クイ」も発動させる。**リアルな〈壁ドン→肘ドン→顎クイ〉劇の三段活用となっていて、その畳みかけるような臨場感がキュンを増幅させている。**

二人目も最初はシンプルな《壁ドン》。だがそのあと、壁についたのとは反対の手で、相手の身体を自分のほうへグッと抱き寄せる。《壁ドン》で、アクションをされた側がした側へハグを返すのを《壁ギュ》と呼ぶ。《壁ドン》の相手へギュッと抱きつくという意味だ。だが、ここではどちらも動作主が同じというレアタイプ。壁ドンも壁ギュも両方一人で演じるかたちになっている。《壁ドン》の基本は、相手（壁側）へ向けて接近していく、つまりする側からすると「前方向」へのベクトルを使ってキュンをつくる。

その応用である先の《足ドン》も《肘ドン》も、あくまで「前へ」の力と接近で、キュンを高める。そうした基本性を逆用するのが《壁ギュ》。ハグの要領を借りて、「前（相手側）へ」だけではなく「後（自分側）へ」相手を引き寄せることで、より相手と近づく。その点では《壁ドン》のバリエーションのなかでも特殊だ。

しかも、この場面で面白いのは図書室であること。手をついている先は壁ではなく「本棚」、しかもブックスタンドに指を挟むかたちになっている。観客はそれに容易に気づくが、《壁ドン》をされている人物はそれが見えず、気づかない。当然といえば当然なのだが、アクションする側の手先や指先がどうなっているかわからないのも《壁ドン》の深みである。その手先のありように、する側の心情や表現の要があったりする。

ここでも、硬いブックスタンドに挟まれて指に感じる〝痛み〟が、図書室で人目を忍んで行う〝いちゃつきの危険・禁断ぶり〟を倍化させて伝える。それとともに、多少痛くても「そこでせざるを得なかった」「そういうかたちでやらざるを得なかった」咄嗟ぶり、**つまり相手を逃さないように急いでアクションをした状況性と心理が浮き彫りになっていて、趣深い。**

両シーンとも、《壁ドン》をする〝メインの手〟と、それとは〝反対の手〟。その両方を活用することによって、典型的な《壁ドン》にスパイスを加えて、異型のキュン風景を作っているのが特色である。

キュンを作らない《壁ドン》

こうしたさまざまなかたちで観客を魅了する《壁ドン》。そうした《壁ドン》を逆にネガティヴなかたちで使ってみせるのが、玲苑が葵を試着室へ引き込むシーン。流れに沿って具体的に追うと、全身鏡に《壁ドン》をして「俺と仲良くなりたいんだろ？」の問いに逃げようとする彼女を、片方の腕で遮り、ゴールテープのようにして引き戻す。これは通称《腕ゴール》と呼ばれるアクション（実際にはゴールして突破するより、引き戻されることが多いので「腕リングロープ」とかに名前を変えたらと思うが……)。

続けて、そのまま彼女の肩を押しつけ、さらに手首をつかんで、もう一度ミラーに押さえつける。これは《押しつけドン》の一種。明確な名づけはないが、部位から名前をとるなら《手首ドン》とでも呼べるだろうか。

もうここまでくると、積極的や攻めなどといった色合いや雰囲気をこえて、強引で暴力的で抵抗を招くだけだ。ポジティヴな反応や効能は期待できない。実際、葵は迫られるキスを強く拒絶する。

胸キュンアクションは、常に必ず成功して、キュン効果を生むわけではない。多少かわされたりする域をこえて、逆用するかたちで、反-キュンの〝引くような感覚〟を作りだす使い方ももちろんありうる。現実で壁ドンをすると、多くの場合、嫌悪を生むだけで成立しない。その現実的性質が、ここでは活かされている感じだ。

フィクション世界のなかでは本来キュンを作るモチーフとして働く《壁ドン》で、現実の感覚に近い、逆に引くような〝興ざめ〟をしっかり生みだしている。こういった「現実との認識のギャップ」をうまく利用するのも、立派な胸キュン効果、いや反効果的な演出の一つ。

このあと「私をからかってそんなに面白い？」と言って平手打ちをされる彼。しかし、彼は彼女が気に入らなくて乱暴な言動をしているわけではない。本心では彼女のことが気になっていて、観客もそれまでの描写からそれを知っている。そのため、恋心と矛盾した乱暴な言動をしたことに「何やってんだよ俺」と深い後悔をつぶやく。

ここでの《壁ドン》は、相手にただ嫌悪を与えるだけでなく、不本意にもそうした行動に出てしまったことを通して、アクションをする人物の〝恋心〟を隠匿する「強情さ」と「葛藤」を強調することに成功している。

そのとき、彼が「本当はいい奴」と知っている観客には、感情表現の「不器用さ」がひと際滲んでみえて、強い切なさを感じる。ポジティヴなキュンは生まないが、逆に否定的・悲劇的な状況にしてしまう身振りに、観客だけがもどかしいキュンを感じてしまう一例だ。

こうした《壁ドン》を変化させたバリエーションは、他にも多く存在する。コメディ以外で実写で十分効果を挙げた好例はないように思うが、手ではなく相手の股に足を入れる

《股ドン》など、発展形は挙げると切りがない。

だがこうしたアクション（動き）自体に変化を加えた《壁ドン》は、あるところで派生を止めた感がある。それでも《壁ドン》は衰えない。次は、動きの変化形というより、その使い方にひねりを効かせる最近の動向にふれてみよう。

05

「壁ドン」は進化する②

——近作でポテンシャルを総点検

あらすじ

『おっさんずラブ』（２０１８・テレビ朝日系）……田中圭主演。職場のボーイズラブを描くラブコメ。

『消えた初恋』（２０２１・テレビ朝日系）……道枝駿佑、目黒蓮主演。男子高校生同士の初恋を描く学園系青春ラブコメ。

『この恋あたためますか』（２０２０・ＴＢＳ系）……森七菜主演。スイーツ開発企業を舞台にした純愛ラブストーリー。

#ＢＬの壁ドン　#非刺激型の壁ドン

アクションにさまざま変化を加えて進化する《壁ドン》。その象徴として挙げた『Ｌ♡ＤＫ』以降の作品でも、《壁ドン》はまだまだ力を持っている。だが、その刺激の作り方・使い方という面では、加熱する発展競争をこえて、やや両極化してきたような感がある。

男らしさ・強さではない《壁ドン》へ ①『おっさんずラブ』

《壁ドン》の持つ刺激を、より進んで尖らせるように用いて、斬新な感触をみせているのは「ＢＬ（ボーイズラブ）」系の作品たちだ。ここではそのジャンルと性質についての解説は割愛するが、《壁ドン》が良くも悪くも〈男性↓女性〉へ迫るアクションを基本にしてきた点で、ＢＬ作品はそれをフラットな状態にして、新たなキュンを届ける舞台になっていることは間違いない。

テレビドラマでのＢＬ作品ブームの先駆けにもなり、爆発的人気を博したのが『おっさんずラブ』。第1話ラストで恋模様が一気に動くのは、主人公の春田（田中圭）がルームシェアを始めた同僚の牧（林遣都）から受ける突然の告白だった。シャワー中の春田に頼まれバスタオルを持っていく牧が、恋心あまって服のまま浴室に乗り込んで「好きだ！」と、裸の春田に想いをぶつける。そのときの体勢は右手はお風呂のタイルに押し当て、完全な《壁ドン》スタイル。そしてそのままキスを奪う。

ポイントは、これまでの《壁ドン》ではありえなかったその状況性だ。コメディ風な使い方やあからさまな濡れ場を例外にすれば、恋愛ドラマの男女間で浴室乱入は基本タブーのようなもの。まだそう深い仲に至っていない段階なら、なおさらだ。《壁ドン》の特徴の一つは、場所の制約が基本なく、日常空間のどこでも《壁ドン》をすれば、相手と至近距離でみつめあう「特殊な空間」が立ち上がること。しかし、そこでは互いに服を着ているのが常で一般的だ。そうした当たり前を軽く越えているのが、ここでの《壁ドン》ならぬ《浴室ドン》。その映像は生々しいが、**同時に〝壁ドンの常識〟を打ち破って、新たな刺激を届けるワンシーンになっている。**

また、ここで《壁ドン》状態の二人の間に、「シャワーの水」が上から注いでいるのも注目だ。これはどこか《壁ドン》で接近する二人の〝気持ちの溝〟を、涙のように切なく暗示しているかのよう。同性から恋心を告白されることを予想もしていなかった春田にとっても、また相手に偏見をもたれ嫌われて拒絶されるかもしれない牧にとっても、この《壁ドン》シチュエーション自体が、すでに相当な困難や当惑、不安をはらんでいる。とりわけ牧は、繊細で家庭的な側面が強い人物。それだけに、このアクションは「性別は男だけれど、強さとは真逆」な、臆病なほどの純心さを持つ彼の一面からの転回でもあり、キュン度が高い。そんな勇断の《壁ドン》を、そのアクションで生まれる〝二人の密接した空間〟を、シャワーの水が分け入って切り裂いているように映る。一般的な場面では、当事者の間に何かが挟まれることは基本ない。それだけにこの描き方は斬新だ。

そして、互いに同性であることで「⑦体格差」がほとんどないのもポイント。壁ドン特有の相手へかぶさる感じがなく、目線はほぼ対等。その辺りもふくめて、押し寄せて迫るというよりも、まっすぐな〈体当たり〉感が強く、見慣れた《壁ドン》とはひと味もふた味も違う、恋の風景と質感を伝えて惹きつける。

思えば、第1話冒頭に置かれた、春田と部長・武蔵（吉田鋼太郎）とのやりとりにも、超変則ながら《壁ドン》が見られた。牧同様に春田に想いを寄せている武蔵は、こっそり彼の写真を集めていて、それを本人に見られてしまったことに気づく。それを確かめるシーンだ。男性トイレで用を足している春田の隣に近づき、「見た？」と武蔵が問う。手はトイレ前のタイルについて、「ドン」とラブコメらしく強調した音が鳴りひびく。ここでも、普通の《壁ドン》ではありえない場所である上に、本来は対面で行うアクションをトイレの様式に沿うかたちで〝横並び〟でみせる、新しい面白さがうかがえる。しかもその会話中、ドンをした手でふれてなぞっているのはタイルに貼られた「勇気を持って一歩前進」の注意プレート。牧に劣らず武蔵も、その内面は乙女男子。トイレ中の雑談自体は男性同士では珍しくない風景ではあるが、ここではボーイズラブ固有の〝葛藤〟と〝不安〟、それを踏み越えて「恋心を知られてしまったかを確認する」、まさに勇気ある一歩を変化型の《壁ドン》が鮮やかに鋭く演出してみせている。

これまでの異性愛を描くラブストーリーで用いられてきた《壁ドン》は、強制的で高圧的に相手に押しよせる動作・状況・台詞に〝されてみたい〟願望もふくみ込みながら、女性目線よりで「男前」な大胆さ・積極さが表現され＝受容されることで、刺激的なキュンが生まれていた。でも本作の《壁ドン》は、**アクションをする側の「男でも持つ可憐で純粋な内面」を、力強くも不器用なテイストで表す方法として活きている。**春田を中心とした同僚男性たちが織りなす三角関係の物語。その恋模様の入口として、牧と武蔵というライバル関係の二人の愛情表現、その双方に《壁ドン》が投用されていたのは興味深くも象徴的である。

男らしさ・強さではない《壁ドン》へ ②『消えた初恋』

また、高校生の初恋模様を描く『消えた初恋』。そこでは、男子高生の青木（道枝駿佑）と井田（目黒蓮）が、好きな相手の認識のすれ違いから、次第に恋に落ちていくスタートを《壁ドン》が斬新なかたちで構成していた。青木は同じクラスの女子・橋下さん（福本莉子）に片想いをしていたが、彼女が井田を好きだと勘違いして失恋。対する井田本人は、そんなことは知るよしもなく、青木が自分に好意を抱いていると思い込んでいる。そんな二人が放課後の屋上で認識のズレを解こうと対話するが、話は食い違ったまま。井田が言う「（青木とは）つき合えない」を、橋下さんの気持ちに応えられない（彼女の恋人になるつもりはない）という意味に間違って受け取る青木。彼女の好意を無下にするような井田への憤慨と嫉妬から、彼に「一発殴っていい？／俺の気がすまねぇ」と突進していく。

そして井田を壁際に追い詰め、拳でパンチする。さすがに本人を殴るのがはばかられて、コンクリート壁に鉄槌をくだす。それが見事に《壁ドン》体勢を作る。男性のパワーと忍耐ゆえ可能な、他の恋愛作品では見かけないパンチ型の《壁ドン》だ。そして井田を見つめながら、橋下さんのことを回想して、失恋の想いをつぶやく。

「馬鹿みたいだけど、本気で好きだったんだ。お前には分かんないだろうけど…」

《壁ドン》をされた井田には、これが青木からの〝愛の告白〟のように聴こえてしまう。今しがた彼と交際できないことを断ったはずだが、こんなにも自分を想ってくれる真実を知るようにして、だ。文脈も好きの対象も、完全にズレたままの状態の二人。**その「恋心のディスコミュニケーション」を、《壁ドン》が鮮やかに映しだしている。**アクションをした側の青木は、それを《壁ドン》とは思っていない。殴ろうとしたが出来なかった結果だ。

でも、壁に追いやられた井田のほうは、受け取る告白表現にもみえる言葉と重ねて、それを恋の《壁ドン》と感じてしまっている。井田がドンと拳をぶつけた心にあるのが、失恋と恋のライバルへ向けた〈怒り・悔しさ・嫉妬〉だとすれば、一方の青木は初恋の〈驚き・新鮮・嬉しさ〉を感じている。クラスの女子に失恋した〝切ないキュン〟と、目の前の男子への恋が始まる〝ときめきのキュン〟が、一つのアクションを通して、うまく交叉して描かれている。何とも、もどかしくも深い《壁ドン》である。

加えていうと、ＢＬ作品では視聴者は作中人物のどちらにも感情移入しやすい。つまり《壁ドン》も「する側／される側」を第三者的な視点で、対等に見る傾向が強く出る。これがメリットとなって、ここではどちらかの心情に特化するのとは異なる、両方の視点に立った〝双方向性〟なキュンが生まれている。それが、より《壁ドン》アクションと出来事をダイナミックにしている。

どうしても一般的な《壁ドン》は、する側に「男性らしさ」、される側に反応もふくめて「女性らしさ」が求められる部分があるが、ここではそれがない。特有の刺激的なドキッと感もない。むしろ同性同士ゆえの容赦のない拳の力具合と勢い、それを怯まずに待ち構える受けの態度。そこには対等ゆえの、スカッとする爽快感が強くただよう。その《壁ドン》なのに驚きを与えない／びっくりもしない、二人の新しい清々しい光景に、キュンが止まらない。

こうしたＢＬ作品によって、胸キュン定番の《壁ドン》がただ技法（ギミック）として活用されるだけでなく、そのなかでアクションに沁みついた「大胆で刺激的なアプローチ」というイメージが更新されているのが、近年の動向であり面白味だ。BLの特質であるジェンダーをこえた「人間がまっすぐ人を愛する」という尊いテーマを、新鮮に浮かび上げる方法の一つとして、《壁ドン》が生まれ変わっている。見慣れたアクションだからこそ、よりいっそう「新しい恋」の表現として、それは新鮮な感触を与えて効果的だ。

ソフトな《壁ドン》へ『この恋あたためますか』

BL作品とは別に、《壁ドン》アクションの刺激に寄りすぎず、**その動作とシチュエーションをよりマイルドなかたちで活かし、物語や人物の〝優しさ〟や〝温かみ〟をひきだす方向へ用いた恋愛作品も増えてきている。**アクション自体で刺激を作ったり、見せ所を作るというよりも、《壁ドン》をしっかり劇に馴染ませるような使い方である。

その好例の一つが、『この恋あたためますか』だ。物語の主軸は、コンビニ店員から新作制作へ抜擢されたコンビニスイーツ大好きな樹木（森七菜）と、その会社社長の浅羽（中村倫也）との恋愛。そんな彼女に開発キッチンで一緒に働く新谷（仲野太賀）が片想いを寄せて、三角関係が作られていく。そんな樹木と新谷の淡い恋の始まりに《壁ドン》が描き込まれている。

第1話、樹木の仕事の動機を聞くなか「どうせ私なんかが頑張ったって、無駄でしょっていう気持ちが、どっかにあんの」という深い本音を聞いて、新谷が真面目な面持ちで彼女へゆっくり歩みよっていく。そして彼女が後ずさりをして、《壁ドン》状態になる。壁へ向かう歩みはスローで穏やかながら、ここまでは一般的な《壁ドン》。すると彼は、壁についた手で、すぐ横にあるスイッチにふれて部屋の電気を消す。暗いなか、至近距離で見つめ合う二人。《壁ドン》らしい緊張感が高まるなか、彼女が「何？」と発すると同じくして、再び電気をオンにする。

「再起動。そのどうせ私なんかスイッチが入ったら、また言って。また俺が再起動してあげるから」

照れ臭そうにそう言う彼に、彼女にも笑顔が溢れだす。大胆な行動で、言い回しもキザだが、じつにソフトな口調で語りかけ励ます。相手へ迫ったり、言い寄ったりという感は全くなく、彼女の心に巣くう〝不安と弱さ〟に何とかエールを届け、支えて笑顔にしてあげたい。そうした実直な優しさに満ちている。《壁ドン》の「①何かが起こりそうなドキドキ感」を、電気を暗くして一度煽るも、すぐにオンにして鮮やかに裏切って、刺激や興奮ではない別種のあたたかみある演出で惹きつける巧さが光る。またドンの音は軽くあるものの、その音以上にシーンに印象的にひびくのは「スイッチ音」のほうである。本来の「②アクションの音効果」をうまくズラした作りで、シーンを新鮮にみせている。そしてアクションする新谷が、近づくときも離れるときも、頭を掻きながら〝恥ずかしさ〟をわかりやすくみせているのも妙。この《壁ドン》で「⑥動作主の装飾」をされるのは、歓声が湧くようなカッコよさではなく、あくまでピュアさ。その純粋さがアクションの前後をしっかり包み込むことで、「劇的な恋」ではなく、どこか「初恋のような清々しい恋」「ほっこり安らぐ恋」へ、二人が進展していく。そんな恋の行方と気配を強く放って、劇作りに貢献しているのも精巧である。

刺激や興奮を作るだけが《壁ドン》ではない。〝癒やし〟や〝安心感〟を与えるため、でもそのなかに「すぐ側にいて君を守れるよ」という意味での、ちょっぴりの〝男らしさ〟をフレーバー程度に加える。ここでの《壁ドン》は、そうした人間らしさを存分に帯びていて、これから徐々にみえてくる新谷の〝温厚な人柄〟と〝心が安らぐ恋愛〟の入口として、見事なのだ。

06 イチャホンの現象学
──『恋仲』から『花束みたいな恋をした』ほかへ

あらすじ

『恋仲』（2015・フジテレビ系）……幼なじみの芹沢あかり（本田翼）と三浦葵（福士蒼汰）、転校生の蒼井翔太（野村周平）。社会人になって葵が再会するのは、あかりと翔太が交際している姿。同じ「あおい」の名前の2人が、高校時代の因縁ある恋心をもとに、ヒロインをめぐり繰り広げる三角関係と友情劇のラブストーリー。

『花束みたいな恋をした』（2021・東京テアトル、リトルモア）……終電を逃したことで出逢う麦（菅田将暉）と絹（有村架純）は、音楽や映画等の趣味が一致して意気投合し、交際・同棲へ進む。5年間の恋愛生活グラフィティのなか、徐々にすれ違いが重なり、切ない別れの決断までを描く。

『silent』（2022・フジテレビ系）……青羽紬（川口春奈）が、急な別れのまま離れた高校時代の元恋人・佐倉想（目黒蓮）と8年ぶりに再会する。だが想は病で聴力をほとんど失い「音のない世界」を生きていた。「言葉とは何か」をテーマに、さまざまな障壁を乗り越えつつ進む二人の恋模様を、紬の今の恋人で想の親友でもある戸川湊斗（鈴鹿央士）、想の良き理解者のろう者・桃野奈々（夏帆）らの人間関係と共に繊細に描く。

#二人だけの時空間　#イヤホンコードの恋愛劇

青春の恋を彩る《イチャホン》

『恋仲』の発端となる高校時代を描く第1話。あかりが葵の部屋にあがりこんで、制服姿のまま放課後の時間を過ごすシーン。互いに想いを寄せながらも、腐れ縁の距離感を保ったままの二人。その淡い初恋を盛り上げて、青春らしい一コマを印象的に作りだすアイテムとなるのが、携帯音楽プレイヤー。あかりは彼の横に座り、彼がつけているそのイヤホンの片方を取り上げ、それを耳につけて話しかける。


「何聴いてんの?」

「銀杏(※著者注:アーティスト名「銀杏BOYZ」)」

「ふーん」

(※曲が劇中歌のように流れる)

「いい曲だね」

「だろ?」


イチャつく感じで、一つのイヤホンを片耳ずつ分け合って、同じ音楽を聴く。胸キュン定

番モチーフだが、どうも一般的な呼び名が浸透していない感じ。あらためて名づければ《イチャホン》である。この場面は、その特質が存分に活かされた名シーンの一つ。会話の言葉数はほんの僅かだが、聴いている曲が劇中歌のように流れて、視聴者も彼らと同じ音楽に浸るような疑似体験のもと、二人の耳を澄ます意識と光景に注目する。そしてその二人が音楽を聴いている十数秒の光景は、彼らの「恋模様」と、それをめぐる見えない心の機微を、雄弁に物語ってくる。そんな《イチャホン》の原理を具体的にみてみよう。

効果① 二人だけの「時空間」の創出

シーンの様子からすると、あかりは初めてその曲を聴くらしい。浸るように耳を傾け、感想を二言挟んでから、再び目を閉じて音楽へ身を預ける。カメラははじめは二人を正面から映しているが、後半は彼らの後ろ姿を捉えていく。

《イチャホン》最大の特性であり魅力は、何と言っても絶対的な「二人だけの時空間」を立ち上げることだ。それは場を問わない。ここでは部屋のなかで既に二人きりだが、さらにそのなかに「二人の意識空間」を生みだす。同じ音楽を聴くという、いわば二人の共同作業を通じて、その空間性はぐっと〝緊密さ〟を増して現れる。ただの幼なじみの友達同士という空気が、一気に特別な親密さへ切り変わるのだ。

　そうさせるのは、音楽という同じ対象を〈いま・ここ〉で、同じかたちで経験しているという同時性・共時性。途中の「いい曲だね」という共感の会話もふくめて、まったく同じ対象を分かち合って体験していることが、二人の心の距離を縮める。しかも、例えば絵画やコンサートの鑑賞と違う点は、二人だけにしか共有されていないということ。他者を完全に排した〝独占体験〟であることが大きい。本来イヤホンは、音を聴く人間の〝プライベートな空間〟を作りだすが、それが二人で分かたれるときには、まるで外界から遮断された「音楽の時空間」「聴くという意識世界」のなかに、二人だけが包まれているような雰囲気になる。その緊密感・親密感は特別なものだ。

　しかも、この音楽を介した〝心が通じ合う〟かのような感覚を、二人が感じるだけじゃないのも《イチャホン》のポイント。先に書いたように、劇中音楽（劇伴）としてシーン内に二人が聴く音楽が実際に流れることが多いため、曲自体を聴く行為が視聴者にも共有される。だが音より重要な意味を持つのは、耳と耳を結ぶ「一本のコード」が、二人の身体を物理的につないでいること。それを映像が、前方と後方からじっくり映し取ってみせている。コードはただの「一本の線」でしかなく、直接身体をふれ合っているわけではないが、〝手つなぎ〟などの愛情行為に近しいものとして映る。そしてその「線」でつながるのは、身体というよりも、**同じ音楽を聴いている二人の意識であって、〝心が通じている〟ような妙な感覚も引き起こす効果があるのだ。**視聴者にとっては、同じ音楽を聴く追体験とその様子の目撃、そして二人の〝精神が結びついている〟ような感覚が、聴覚・視覚双方を通じて、重層的にシーンから伝わってきて、キュンが与えられる。

また、分有しているのが、誰かから与えられたものではなく、彼の選んだ「好きな音楽」であることも重要だ。自分の好きなもの、趣味や関心を分かつことは、恋愛の進展、とりわけその始まりでは欠かせない要素となる。その点で、あかりが曲に集中してみせる好意的な反応は、彼にはひとしお嬉しく、相手と近づいた気分を強く与える。

しかもこの物語は、漫画『ONE PIECE』（51巻＝語呂あわせで「恋」の巻）の貸し借りが想いのすれ違いを作るキーアイテムとなる。それだけに《イチャホン》を通した音楽というエンタメ作品のシェアは、ストーリーと有機的に絡んで、さらに深みがあるのだ。

効果②　物理的接近

一つのイヤホンで「内面」を結びつける効果のかたわら、実際に「身体」を近づける効果があるのも《イチャホン》。イヤホンを分けるときに必然的に作りだされる〈体勢〉に注目だ。「譲った／譲られた」片方のイヤホンで音楽を聴くとき、基本、それぞれが曲へ意識を向けつつ、お互い視線を合わせず、どこか別の（同じ）方向を向いて自然に耳を澄ます。対座するかたちで正面から顔と目を突き合わせて、相手を眺めながら、というのはあまりない（カフェなどでそうしたケースも皆無ではないが）。そのなかで、曲への反応や感想を伝えるため、あるいは聴き終えたタイミングで、相手に顔を向けるとき、再び互いの「目と目が合う」瞬間が到来する。**暫くの間だが、意識を音楽に集中させて、顔を突き合わせる時間から離れていたことで、その瞬間の〝こそばゆい照れ〟と〝ドキッと感〟は強く、特殊な緊迫感が流れやすい。**

　ここでは、はなから隣同士に座っての《イチャホン》のため、元々目線は離れているが効果は同じ。聴き始めてすぐ「いい曲だね」と、最初の印象を言いながらあかりが顔を向ける、このときはまだそうでもないが、少しすると、まず彼のほうが、彼女の反応を見て見ぬ感じで「のぞき見」する。それが途中からは、好きな人の顔に惹き込まれ釘づけになるようなテイストで、青春時代の「気づけば相手に目線を向けている」感じを強くして、恋のムードが一気に高まる。そして、もう一度彼女が彼へ振り向く瞬間は、その顔を見ていたことがバレそうになる感じを伴って、照れ臭さが放出する。その微笑ましくもドキッとする雰囲気も、初恋らしい初々しさでキュンとさせる。

さらに、イヤホンの一般的な長さは決まっている。長くてもせいぜい一メートル未満だ。それを限界までピンと伸ばして聴くことは通常ないので、自ずと二人の〝物理的な距離〟を接近させるのも特長。ちょうど肩がふれるかどうかの間隔。そのなかで相手を「見つめる／見つめられる」興奮度は高い。さらに、その距離感は〝キス〟を強く誘惑しもする（見る側にもその期待をさせる）。**《イチャホン》は、いわば「キス直前の距離感とシチュエーション」を自然と用意もするのだ。**実際に葵があかりを見つめるまなざしには、ドキドキ感が読み取れるだけでなく、もう一歩近づきたいというキスへ向けた衝動も見えなくもない。だがまだ高校生で、しかも幼なじみ。関係性を急転させるのは簡単ではない。そういったじれったさも視聴者に感じさせて、キュンをつくる。シーン後半は恥ずかしそうにして相手を見ることなく、至近距離に好きな人がいることを感じて喜びに浸っている感じだけが充満している。イチャホンをする距離感、その体験で十分幸せという感じ。つかず離れずの絶妙な距離で横並びになる二人の後ろ姿が、差し込む夕陽のオレンジ色のなかで煌めくカットは、青春のエモさ全開でキュン必至である。

効果③　意識ベクトルの表現

そして①にも関係してくるが、《イチャホン》は〝意識のベクトル（方向）〟を同調させる点も見逃せないところ。《イチャホン》の基本は同じ方向（ここでは壁側）を向いて隣同士に座って、相手側の耳にイヤホンをつける。相手と反対側にイヤホンをつけるのは、イヤホンのコードが短すぎて、絡むなどして不自由なために少ない。イヤホン側に相手がいる。その構図では、音楽へ向かって〝耳を傾ける意識〟の方向と、〝相手の存在を感じる〟方向が一致する。**そのために「音楽を聴く」行為が、そのまま「相手を意識する」「相手を想う」ことにつながるかたちが作られるのだ。**

このシーンでいうと、正面からみて「葵は左へ、あかりは右へ」。〝音楽に浸る〟意識の集中が、曲に誘われるように、それぞれ自分のつけたイヤホン先にいる〝相手へ意識を向ける〟かたちへと自然に重なっている。両想いながら、ほんとうの気持ちをまだ伝えられずにいる段階の二人なだけに、この光景はより鮮烈に映る。しかも葵は、彼女の横顔をみつめるなかで本人には気づかれていないが、恋心を表情に露呈している。そんな彼には、自分がよく知る曲ということもあって、きっと音楽はもうそれほど入ってきていない。音楽が流れる先にいる、彼女への意識で一杯。その面で、《イチャホン》は単なる「音楽の共有」だけでなく、聴くことさえ忘れて、曲が意識の外へ後退・消失してしまう状況性も作りだす。そして、そこに強い〝恋心〟を発動・露出させてみせる面白みを持っていて、深いのだ。

「共有」される歌詞フレーズ

さらにこのシーンでうまいのは、歌詞の絡め方。二度目に二人が目を合わせるのは、歌詞の面白さに噴き出し笑いをしてのこと。そのフレーズが「甘いシュークリーム」と「君はシュープリーム」。《イチャホン》で照れつつも和んで聴くこのサビが、この先の物語展開の暗示にもなっている。あらすじに書いたように、この物語は、二人の〝あおい（葵・蒼井）〟がヒロインを取り合う恋模様を描いている。曲でコミカルに重ねられた「シュークリーム」と「シュープリーム」という似通っている単語（詞）は、名前がうり二つの二人に重なる。歌詞に対しては笑ってすませられるが、彼女は最終的に二人のどちらか一方を選ばなければならない。そこにはシビアで痛みを伴う決断が待っている。その頃にはこの淡い青春の《イチャホン》も成立しないし、このムードともおさらばすることになる。

この部屋での《イチャホン》シーンの、次の場面も作り込まれている。授業中、窓際の前後の席に座る二人のあおい。葵のほうは先生に見つからないように、窓側の片耳だけにイヤホンをつけて「銀杏」を聴いている。そしてニヤケながら向ける目線の先には、グラウンドで体育をしているあかりの姿がある。それに気づいた後部座席の蒼井も、彼女を眺める……。

葵にとって、あかりへの恋心は《イチャホン》によって「銀杏の曲」と一緒に強く刻印されていく。でもこのカットでは、部屋での《イチャホン》と違って、彼女は〝遠く〟にいて、もちろんもう一方のイヤホンは外したまま。イヤホンの線で、二人はつながってはいない。映像的には、授業も上の空で、晴れた青空の下、グラウンドへ恋心を寄せる青春色にあふれたワンシーンで清々しい。だが《イチャホン》の観点でみると、二人の〝恋の行方〟が危ういことが暗示されているようにも映る。事実このあと、誤解を抱えて気持ちをすれ違わせたまま、彼女は突然町からいなくなってしまう。そして数年後、社会人になり再会したときには、彼女はもう一人の蒼井と交際している悲しい未来が待っているのだ。《イチャホン》で〝二人だけのもの〟として共有した「銀杏の曲」は、青春の〈恋の象徴〉として、輝いて愛すべきもの。だがその威光はこの先の未来で、喪われて〝切なさ〟へ変わっていってしまう。そんな暗い運命が、この教室シーンには隠れているのだ。

《イチャホン》演出を、一場面の胸キュンとして用いるのは簡単だ。でもそれをストーリーへ絡めて活かすのはなかなか難しく、実際そうした演出にこだわった過去作は多くない。そんななか、この作品は、それを試みた稀有な例でもある。1話の回想（高校時代）で描いた《イチャホン》は、さらなる奥深さを作って、現在を描くあとの回へも効果的に関わっている。

第2話、高校時代から七年後。二人は再会を果たすが、あかりは蒼井と交際している（奪われてしまっている）。そんなあかりと葵が、二人で映画館へ行くことになる。帰り際、エンディングロールで流れる主題歌が、あの日《イチャホン》で聴いた『ＢＡＢＹ ＢＡＢＹ』なのだ。大切な人へ想いをうたった歌詞フレーズと絶妙に絡まるようにして、高校時代の恋がフラッシュバックしてくる。でも今は、二人を繋ぐ「イヤホンの線」はもうない。映画館で隣同士に座っていて距離は近いが、心と関係は遠い。それを二人の間にある座席の僅かだがたしかにある距離と空白が際立たせ、悲しい喪失感を演出する。歌詞の通り「永遠」などないということを強く印象づけるようにして、だ。ここでのポイントは曲自体は昔と同じだが、カバーバージョンで歌い手やアレンジが全く違う（本作の劇伴を手がける世武裕子のピアノによるオリジナルのバージョン）。**つまり似てはいるが、もうあの頃の《イチャホン》と同じようには、音楽はひびいてこないのだ。**彼らが共有した音楽と恋は、遠く違うものになってしまった。その事実を、曲そのものの変化で象徴する。映画の悲しいエンドムードのもと、鳥肌を立てるほどの切なさと、あの頃のキュンとした懐かしい青春が折り重なって、ビビッドに伝わってくる。

《イチャホン》批評で描く最新の恋

こうした《イチャホン》を、批判的に描くことで恋愛劇を作ったのが、坂元裕二脚本の映画『花束みたいな恋をした』である。麦と絹の出逢いと恋の始まりを彩ったのはイヤホン。二人が出逢った日、互いに絡み合ったコード付イヤホンを「すぐこうなりますよね？」と笑って見せあう会話がある。それに共感したことが、二人の意気投合のきっかけとなる。
その後、互いに惹かれ合って逢うファミレス場面。そこでは、一台のスマホからミュージックビデオを《イチャホン》で聴くシーンが挟まれる。その緊密した接近が、お互いに「今日こそ告白しよう」と思っている気持ちをグッと高める。だが『恋仲』にあった基本形とは違って、ここではボックス席で対座体勢。しかも音楽を聴いていると、隣の男性から「イヤホンで聴いたら、ＬとＲで鳴っている音は違うの」と、専門的な説教を受けてしまう。《イチャホン》に対する批評と皮肉がそこには詰まっている。その長々とした話のせいで終電の時間が近づいてしまうが、その流れが逆に味方し、二人は素直に告白を果たす。**言わば、彼らの恋は《イチャホン》をする巷の恋人の通俗さを否定されることで、幕が開けるわけだ。**

その〈恋の象徴〉である《イチャホン》が、別れた後日談を映す物語冒頭でも印象的に描かれる。麦と絹、それぞれには新しい恋人がいてデートをしている。たまたま居合わせた同じカフェ。互いの目の前には、あの日のファミレスのように《イチャホン》をしているカップルがいる。それを見てそれぞれが、恋人に向かってこう話すのだ。

麦「音楽ってモノラルじゃないの、ステレオなんだよ。イヤホンで聴いたらLとRで鳴っている音は違う」

絹「同じ曲を聴いてるつもりだけど違うの。彼女と彼は、今、違う音楽を聴いているの」

この会話に象徴されるように、二人の恋は、好きなものを〝共感〟したり、日々の出来事を〝共有〟するもたれ合いだけでは「真の幸せ」に至れない厳しさと切なさを伝えていく。だからこそリアルで、その思い出は悲しくも、かけがえない人間の普遍に迫って、別れてもなお、両者の胸に大切な恋の記憶として息づいている。このシーンで二人が目撃した《イチャホン》に向けて「恋愛は分けちゃだめ」「恋愛は一人に一個ずつある」と語る言葉には、その深淵な経験と大人の恋愛観がよく表れている。それはラブストーリーで威力ある《イチャホン》演出とそれによって描かれる恋を、強烈に〝風刺〟することで、新たな恋愛を描いて、視聴者の胸に刺さるキュンを届けた。

この映画は、コード付とワイヤレスの二種類のイヤホンを描いて「イヤホン文化」の過渡期を恋模様に盛り込んだ。ワイヤレスのみを描いていたら、この演出は成立していなかっただろう。ギリギリ《イチャホン》が生きている時代だからこそ、否定することも可能だったのだ。

《イチャホン》文化の終わりと未来

「コード付」から「ワイヤレス」へ流行が移行することで、《イチャホン》も〝終焉〟を迎える。その変遷を出逢いの場面に活用した近作の一つが『夕暮れに、手をつなぐ』（２０２３年・ＴＢＳ系）。主人公の空豆（広瀬すず）と音（永瀬廉）は、正面から来た相手と交差点でぶつかり、互いに耳につけていたワイヤレスイヤホンを落とす。それを拾って真反対にしばらく進む。すると音楽が途絶えてしまう。そこで二人はようやく、衝突したときにイヤホンを取り違えていたと気づく。同じイヤホンで、同じ音楽を偶然聴いていたためにわからなかったのだ。**コードが無くなったワイヤレスだからこそ作れる、新しい運命的な演出といえる。**

社会現象となった『ｓｉｌｅｎｔ』でも、イヤホンの変化が描かれ、それがより物語性と関わるかたちで、深く掘り下げて活用されていた。高校時代、紬と想が接近するきっかけは、イヤホンで音楽を聴く想への「何聴いてんの？」という問いかけ。その彼女にコード付のイヤホンを両方渡して会話を弾ませる。告白シーンでも、照れる彼女の両耳にイヤホンをつけてスピッツを聴かせる身振りが、初恋の象徴のように描き込まれた。

八年後、紬が落とした片耳のワイヤレスイヤホンを想が拾うことで二人は運命的な再会を果たす。だが想は、聴覚を失って「音のない世界」を生きている。当時あったイヤホンの「コード」の消失が、想の耳が聴こえない現状、あの頃のように一緒に音楽を聴くことがもう叶わない状況、そしてその事実を知らない紬との決定的な隔たりを、鮮烈に映しだしてみせた。

２０２３年の今、コード付もかろうじて並存しているが、もう少し経てば、青春時代の風景がワイヤレスイヤホンが当然という時代がやってくる。その意味で、新しい演出方法の登場と愉しみのかたわらで、『恋仲』のような典型的な《イチャホン》はリアルさを失い、恋愛作品から姿を消してしまうかもしれない。

そう思うと『恋仲』でのあかりと葵のワンシーンは、作品をこえて、現実的にも強烈なノスタルジーと悲哀に包まれ、胸をしめつけてくる。銀杏ＢＯＹＺの歌のように、《イチャホン》もまた「永遠」ではないのだ……。

07 タイムリミットの告白劇、「10秒」にキュンして……
——『SUMMER NUDE』

あらすじ

『SUMMER NUDE』（2013・フジテレビ系）……

3年前に突然いなくった元恋人（長澤まさみ）を忘れられず、新たな恋に踏み出せないカメラマン・三厨朝日（山下智久）。そんな彼に何年も片想いをする昔なじみの波奈江（戸田恵梨香）と、町へやってきた千代原夏希（香里奈）との三角関係を、海辺のレストランとバーを舞台に描く夏のラブストーリー。

#言葉なき告白　#恋の上書き

「時間」がつくるキュン

ラブストーリーにおいて、**「二人きり」という緊密した場を作りだすのは空間だけではない。〝時間〟によって生み出される二人だけの濃密なキュンの場もある。**その一つが、《時間のリミット》をモチーフにする手法だ。特に過ごす時間が限定されている。しかもそれを破ることができない。それによって、二人の間に「かけがえのないひと時」が作られる。そんななかで流れる独特な空気感と、それゆえの濃密さによって、効果的なキュンが生まれる。

朝日と夏希のメインの恋模様もさることながら、それに匹敵するキュンを届けて魅了したのが、谷山波奈江（戸田恵梨香）と桐畑光（窪田正孝）の恋。物語終盤の第9話で、二人が一気に急接近を果たす。それが、《リミットある時間》を巧みに利用した夜中の駅ホームでのキスシーンだ。

光は、別の女性・堀切あおい（山本美月）と交際中ながら、昔から片想いを寄せてきた波奈江のことを諦めきれずにいて、彼女のほうも、彼の優しさにあらためて惹かれ始めていた。そんな雰囲気を察したあおいが、「波奈江さんが落ち込んでてピンチですよ」という嘘のメールを彼に送る。それを読んで心配した光が、わざわざ職場の東京から彼女のもとへやってくる。ホームで電車から降り、迎えに来た波奈江と対面すると、こんな風に会話を交わす。

「あと10分しかない」

「えっ？」

「次の最終で帰らなきゃ」

「え？　相変わらず冗談つまんないね」
「ううん、本当」
「えっ？　何で帰ってきたの？」
「波奈江に会いにきた。10分でも会いたかったから」

たった「10分でも」会いたくて、その何十倍もの時間をかけて遠くから会いに来た。その〝純情な想いと行動力〟、そしてそれを飾り気なしにストレートに伝える光の〝男らしい一言〟に、シーンの最初からキュンを与えてくる。そして最終電車がやってくるまでの「10分間」の展開が、大きく胸を揺さぶる。**何かが起こりそうな気配と期待を感じさせる。**

だが、いったん別のカットシーンを挟んでこの場面に戻ってくると、もう10分も終わりに刻々と近づいている。ホームを歩きながら二人は、大した話もできていない様子なのだ。そして、無情にも最終電車のアナウンスが流れだす。

「10分ってこんなに短かったっけかなぁ……」

「せっかく来たんだからさ、明日の朝帰れば？」

「ううん。ごめん行かなきゃ」

「分かってるよ〜」

「ごめん」

「わざわざ来たのに、ごめんしか言ってないよ」


残り時間が僅かになっても、どこかバツが悪そうにぎこちない膠着状態が続き、二人の距離は一向に縮まらない。恋が動かない。光はいつも「黒縁メガネ」をかけ「文庫本」を読んでいる。ひょろっとした見た目で、雰囲気も〝文系の草食男子〟タイプに近い。当然ながら恋にも真面目で慎重なところがあり、それゆえ、一度は彼女へ告白するも、ふられて以降は、片想いに蓋をするように今の彼女のあおいを選んだ。そんな彼のいささか消極的で、またふられるかもしれない不安もふくむ臆病さが、わざわざ電車で時間をかけて来訪しながら「ごめん」を繰り返す姿に凝縮して、じつに歯がゆい。波奈江のほうも、焦ったり急かしたりする様子はみせないが、何かしら彼からのアクションを待っている感じがうかがえる。この時点では、差し迫るタイムリミットの前で、何かが起きそうな期待感より、このまま何もないような諦めに似た気配のほうが勝っている感じで、人気（ひとけ）のない淋しいホームのムードもあいまって、どんよりした〝切なさ〟と〝気まずさ〟が二人を支配している。

だがここから、その鬱々とした雰囲気を逆境のように使った〝大どんでん返し〟のキュンを、彼が巻き起こすのだ。最終の列車がホームにすべりこんでくるなか、光が意を決して言う。

「10秒だけくれる？」

「10秒？」

何のことかわからず、波奈江が「1、2、3……」とカウントを始めると、突然、彼が彼女の腕を引き寄せ、強く抱きしめる。そして続けて、熱いキス。胸キュンの用語でいうところの《NHK（二の腕を引っぱってキス）》である。波奈江からするとあまりに予想外なだけに、アクションの〝不意打ち〟がもたらす衝撃も加わって、キュン度が増している。

だがここでの一番の肝は、やはり《制限時間》である。

無為に「10分」が過ぎようとしているこの時点で、終電までの限られた時間が作る緊張感や、何かが起きそうな予感はほとんど消失して、無いに等しい。そんななか、彼は最後のギリギリで、《制限時間》のなかに、さらなる《制限時間》を自ら設けた。いや「課す」といったほうが正しいだろうか。「10秒だけくれる?」と発したときには、アクションを起こす覚悟は、ある程度決めていただろう。でも決意しているなら、時間をもらう許可をとらずに、突然抱きつくというのもありえる。そこには性格的なことも影響しているだろうが、追加した「10秒」の制限の求め方には、このままだと本当に顔を見にきただけになってしまう自分を追い込み、つまり逃げられない限界の状況で、己を奮い立たせようとする〝意志〟が、強く感じられる。彼は、最後に自分自身を「10秒」に賭けたといってもいい。

当初の「10分」でも短い。その間に思うように言葉をくり出せず、時間を浪費するだけの光が、より短い「10秒」で言葉に拠らず《行動のみ》で好きを伝えようとする。もう、そうするしかなくなった。より至難なかたちで、最後の僅かな時間にすべてをなげうって、彼女へ体当たりしていくその光景は、刺激的という域をこえた〝感動味〟をもって、惹きつける。そして自ら「10秒」と言いながら、愛情的にはその時間は短すぎて、その枠を破ってしまうところがまたいい。

「時間を忘れる」ための時間

きっちり正確とまでいかなくても、10秒のイメージに従えば、できるのはせいぜいハグぐらい。でも実際には抱きしめるだけでは物足りず、走り出した感情を止められず、その勢いと熱に押されて、彼は両手で彼女の頭をがっしりつかんで——もう〝鷲づかみ〟に近いニュアンスで、あの「文庫本にメガネの光」じゃないような野性味ある男っぷりが存分にでていてそこにもキュンを感じさせながら、濃厚な口づけも重ねる。これがまたじっくり〝長い〟のだ。それでは終わらない。さらに、時間の足りなさと名残惜しさを噛みしめつつ、彼女へ額（ひたい）を押し当てる「デコピタ」も行って、発車寸前の終電に飛び乗る。結果的にシーンの実測値でいうと、ハグまでが約17秒。そのあとのキスから電車に乗るまでが約20秒。最初の許可を求める台詞をふくめると、シーン全体で合計45秒近くになる。

大幅に自ら想定した秒数をはみ出し、しかも終電のドアが閉まる直前まで、余すことなく愛情を示すために時間を使う光。《制約ある時間》のもとで尽くしきった感じが、扉が閉まってゆっくり動き出す電車とともに、あふれて凄まじい。実際、時間はオーバーしたものの、思いついた行動を詰め込んだ感じだ。**そこから伝わる彼のこれでもかという「好きの深さ」が、手応えある力強いキュンで胸に刺さる。**長年の片想いゆえの、「溜め込んだ感情」がなだれのように噴出して、プライドも弱さもかなぐり捨てた決死のさま。それは、終電に飛び乗った光のメガネが大きくズレて落ちかけていて、その乱れっぷりにもしっかり現れていて、最後の余韻までキュン度が高い。

ここで重要なのは、二人が「時間を忘れる」ほど無我夢中になっている強烈な緊密感。まさに〝二人だけの世界〟。そのなかでハグからキスまで、ふれ合っている時間は、当初の「10秒」よりかなり長いが、心理的には「あっという間」というのがミソだ。好きな人との、しかも大切なイベントはあっという間に過ぎるもの。つまり彼らにとっては、比喩でも何でもなく、そのシーンはほんとうに彼が宣言した「10秒」ぐらいの〝短さ〟に感じているに違いない。そして視聴者も、まるで「時が止まった」ように、短い「10秒の劇」に没入して、時間が経つのを忘れて息をのんで注視する。

アクションを起こす前の段階では、光の「10秒だけくれる？」は、意味的には〝少しの間だけ抱きしめさせて〟だったといえる。だが実際に彼がみせるのは、そんな通俗的な中身ではなかった。胸キュンシーンとしてよくある、想いを寄せる相手へ懇願し、身を近づける甘い光景やイメージ。そんな枠組みなどはるかにこえた告白劇は、たくましい恋心をありありと見せつけた。先に「ひょろっとして」と形容したが、その迫力あるドラマのあいだに、視聴者はその身振りだけでなく、映像が捉える彼の指や腕、筋肉質な肉体のがっしり感も再発見して、まさに「身体」で気持ちをぶつけているさまを、ぞんぶんに体感する。

しかも、その怒涛の逆転胸キュン劇を支えたのは、一切「言葉」が無いこと。ひたすらに「アクション」だけで気持ちを伝えた。控えめで寡黙なところもある光が、さらに寡黙。というよりは、言葉を発することも忘れた。自分で設定したリミットの時間も、言葉も、そんなものがあることや、その概念さえ瞬間忘れたかのような没入ぶりは、観る側の感覚や視聴時間もまるごと飲み込む迫力で、豪快に惹きつけた。

よく不意打ち系の胸キュンシーンで、わずか数秒のアクションを劇的に映し、観る側にもそれを味わう間をたっぷり与えるための演出で、〈短い時間を長くする〉スローモーション技法が用いられることがままある。だが、ここにあるのはその逆をいくような、より実感に近い、リアルな描き方と言ってよい。45秒近くの〝長さ〟が、台詞で宣言した10

秒の〝短さ〟のように感じる、そのように映る。そこには編集はなく、現実ありのまま。シーン後も、作品終了後も、現在までこの一コマが鮮烈なキュンで脳裏に焼きつき劣化しないのは、こうした《時間の技》の巧さゆえである。

付け加えると、何気ないようだが、波奈江が「1、2、3……」と指折り数え、それを遮るかたちで光が抱きつくという始まりも効果的な作り。現実時間のカウントを止め、彼が腕を引っ張りハグする先では、まるで「別次元の時間世界」が開くかのよう。現実の正確な時間を一度提示するからこそ、別次元の時間感覚はより強固に現れるのだ。

「10」の数字が刻むそれぞれの恋

こう詳しく辿ってくるとお気づきだろうが、ここで描かれる時間には精巧な仕掛けがふくまれている。みてきたシーンは「10分の内の10秒」での急転回。それで恋に落ちる。数字の構成がじつに美しい。だがこれは偶然などではなく、ストーリーから来る必然というのが深いのだ。つまり、脚本家により意図された台詞作りという点で見逃せないポイント。

もともと波奈江は主人公の朝日に、高校生からずっと片想いをしてきた。その時間が

「10年」。物語冒頭から「10年も好きな男に相手にされない女が、幸せだと思いますか」と印象的な台詞が置かれている。そんな彼女を、同じ町でひそかに想い見守ってきたのが光。つまり、二人の恋は《10年》という時間との闘いでもあるのだ。その点、「10分に10秒」を重ねるシーンと台詞作りは、叶わなかった「10年」の片想いを、光がたった「10秒」で上書きしてみせる、きわめて象徴的な出来事になっているのだ。

それだけではない。光は、先にもふれたように、一度波奈江に告白し振られている。第4話、夜の海辺で波奈江に振られた傷心で黄昏る彼を、あおいが気遣って声をかける。すると、彼がいきなり腕を取り抱きしめる。そこから二人の交際はスタートする（アクションも見事にこの駅のシーンにかぶっている！そして彼女が「光さんは眼鏡外した方が絶対カッコいいですよ」と声をかけて眼鏡を取るが、ここでも勢い余ってではあるが眼鏡が取れて、しっかりリンクしている！）。後日、その夜のことをあおいは「人なんて10秒もあれば好きになります」と言う（ちなみに、実際に光とあおいが見つめ合って突然ハグされている時間も、ちょうど約10秒で嘘のない作りという面白さ）。すなわち、ホームでの出来事は「10秒で好き」になったあおいとの恋を、今度は波奈江と「10秒で恋仲になる」更新劇でもあるわけだ。じつに丁寧かつ刺激的に《台詞の時間表現》が、〝根拠〟をもってストーリーに連動しながら、組み合わされている。

たった「10秒」で動く恋も、「10分」でなかなか進まない恋も、そして「10年」待ちわびて全く叶わない恋も。どれもかけがえがなく、そして短いようで長く、長いようで短い。この作品は、片想いの恋をそうした《時間》のもとに鋭く描写することで、他にはないキュンを作っている。**その作り方・見せ方はじつに〝運命的〟で、同時に恋と時間の普遍的関係を問いかけてくる深みがある。**

――ちなみに第４話に、波奈江が10年後なんて「あっという間だと思うよ」と喋る台詞があるが、この章を書いている今は『ＳＵＭＭＥＲ　ＮＵＤＥ』が放送された２０１３年から、まさに10年後。各場面にキュンとして、この作品に恋した時間もまた、長いようであっという間だった……。そして、そろそろこの章を書くリミットが来たようだ。もう10分、いや10秒だけほしい……。

08 〝魔法のコトバ〟で作られる胸キュン ――『silent』

あらすじ

『silent』（2022・フジテレビ系）……青羽紬（川口春奈）が、急な別れのまま離れた高校時代の元恋人・佐倉想（目黒蓮）と8年ぶりに再会する。だが想は病で聴力をほとんど失い「音のない世界」を生きていた。「言葉とは何か」をテーマに、さまざまな障壁に乗り越えつつ進む2人の恋模様を、紬の今の恋人で想の親友でもある戸川湊斗（鈴鹿央士）、想の良き理解者のろう者・桃野奈々（夏帆）らの人間関係と共に繊細に描く。**#台詞の音のドラマ** **#時空をこえる言葉**

この作品の肝は、人物心理を丁寧に紡ぐ《繊細な台詞》。その精巧で美しい台詞作りが見事だった。一級のラブストーリーだが、胸キュン作品とは単純にはいえない。それでも、飛び切り胸キュン感に溢れる場面は少なくなかった。この作品ゆえの特別な「キュン」のごく一部だが、言葉に関わる考察を交えつつ見ていこう。

〝別れる二人〟の内面を深掘りする脚本力

作品の特色である「一つの言葉が一つの意味じゃない」、音が同じでも違う言葉の《同音異義語》を活かした台詞演出が光ったシーンの一つが、第5話。別れを決めた紬と幼馴染の戸川湊斗（鈴鹿央士）。彼女が、彼の部屋へ置いたままの荷物を引き上げに行く。彼女にはまだ未練が強くみえて、それを滲ませながら〝別れ〟を確認しつつ整理を進める、切なくほろ苦いシーンだ。

荷造りが終わり、二人が最後にいっときのじゃれ合いをしてから、彼女が部屋を出ていく。**その別れ際のやりとりに隠れる〝相手への深い想い〟が、巧みな台詞作りで描かれる。**荷物を詰めた紬の重たいキャリーバッグを、湊斗はアパートまで「持ってく」と優しさをみせる。すると、彼女が「女の子にはね、ちょっと優しくないくらいの方がモテるよ」とアドバイスする。恋が終わる瞬間、彼が大好きだったからこそ、自分の哀しみを抑えながら次の恋に向けてエールを投げる。その健気でまっすぐな彼女の心向きが、キュンとする。しかしこのエールには、さらに深い意味が重ねられている。

このあと、助言通り、彼は〝優しくない男〟を演じて、荷物を持つのを拒否してみせる。それに対する紬の反応がこうだ。

「似合わない。無理無理。それはそれでモテないよ」

「もう俺何してもモテないじゃん」

戯れるように笑いながら紬が、湊斗の肩を何度か叩く。その手をキャッチして、彼が見つめて言う。仲睦まじい最後の時間、恋の終焉を、優しく告げるように……。

「一人で全部持てる？」

「うん。持てる」

このシーンでのポイントは三つある。

①湊斗の《モテない》と、最後の二人の言葉《持てる》が、掛詞的に重なり合っている。恋愛的な《モテる》と、荷物の《持てる》が掛かっているわけだ。最後の「持てる？」は、別れる前の最終確認のようなもの。そのとき、紬は未練を振り切って独り立ち

していく。でも無理して〝ふっきる〟感じでなく、穏やかなムードのなかで、彼女が自然にだせた言葉だ。

それを可能にしたのは、「モテない」話を経由して生まれた、何気ない互いの笑み、心の通じ合い。自分のことをさしおいても、誰かにとことん優しくするのが湊斗。そんな彼が一般的な〝男のモテる方法〟の恋愛常識を実践しても、全く「モテない」。それを一番知っている紬は、やっぱり「戸川くんってそういう人だなー」と確認する。彼も同じだろう。その象徴として、最後の台詞が引き立ってくる。湊斗は、やっぱり恋の終わりの場面でも、相手が荷物を「持てる」かどうか心配してしまう、どこまでも〝優しさ主成分〟の男子なのだ。自分をさしおいて、全力で相手に配慮をくり出せる所に、彼の良さはあって、それが彼の最強の「モテる」ポイントだ。紬もそこに惹かれた。それが旅立ちの実務的なワンカットの短い台詞に、見事に集約して表現されている。紬に荷物が《持てる》かどうか気遣うのと同じように、相手にまっすぐ親身な彼であるとき、きっと他の誰からも《モテる》。そんな好きな人の根っこの部分を、二人が確認し合う。直接の会話ではなく、台詞を通じてそれが暗示的に伝わってくる。**その優しさもふくめて、ここでの別れは〝心温かいキュン〟となって胸を打つのだ。**

②加えて、荷物の《重い》は《想い》とも重なってもいる。一人で持てるかどうか会話するほど、荷物は《重い》。別れを告げられて、片想いになって未練ある紬の恋心は《重たく》もある。実際、荷造りする間、彼に思い出話を積極的にする紬に対し、湊斗のほうは目線を合わせずノートパソコン作業を続けて、彼女の言葉に優しく答えつつ淡々としている。そこには決断が揺るがないよう、これ以上、彼女に哀しみを与えまいとする、彼の優しさがある。

そんな二人が最後別れるとき、《重い》荷物を〈湊斗→紬→湊斗（に渡そうとしてモテる話に入る）→紬〉と、押し引きする。それは《重い＝想い》の、最後の引き取り手の奪い合いのようだ。光景的には紬だけが未練を残していて、湊斗はすっきりしているような趣きも感じる。だが、嫌いになって別れるわけではない二人。胸の奥には同じく《好きな想い》を抱えている。それを荷物をめぐる台詞を通じて相互に《想いが自分にある》、あるいは《残った切ない片想いを自分が背負う》という応酬を暗示的に行ってみせていて、じわっと胸にひびく。

③二人の会話では《片思い》の語も、シーン全体で繰り返されている。そこで象徴的な

のは、紬がその心情を湊斗に向けるとき、他でもなく彼の《肩》を叩く仕草で表すことだ。そこでは「片思い」の《片》と《肩》が掛け合わされている。ソファーに横並びになってのやりとりでは、紬が湊斗の《肩》をトントンと軽く叩いて「今……今、片思い、ほら片思い」と、自分を指さして語りかける。「これってさ、もう別れてんの？ この、今の状況」と尋ねる彼女に「別れてるよ」、さらに「ギリ付き合ってるかと思ってた」に「ギリ別れてるよ」と返す。そして「ホントに片思いなんだ」と彼女が呟き、微笑で〝恋の終わり〟を噛みしめる劇運び。そしてラストの荷物のくだりでも、みたように戯れて彼の《肩》を叩いて、別れの瞬間へ向かう。

　深読みじゃないか、という声が聞こえそうだが、そうではない。湊斗の作業音を見返せば、彼はずっとPCを《カタカタ》させていて、《片》づけの最初の会話は「《かた》めの歯ブラシ」。どこまで脚本の意図かは別にしても、結果として《カタ》という音がシーンを占めているのは明らか。そのなかで、紬の最後の好きアピールが、湊斗の心をノックするような《肩叩き》である愛らしい感じ、それを受け付けてもらえず《片》方の恋心として終止符を打たれる切ない流れになっている。

《カタ》がギュッと胸を締めつけてくる。そして、徹底した《カタ》の別れの劇が、本当はまだ〈両想い〉な二人の心を浮き彫りにして、哀しく苦しいキュンを作っている。実際二人は、ふれたような意味のすべてを意識して、会話をしてはいない。でも、**だからこそ、キュンな別れを彩るそれは「魔法のコトバ」なのだ。**意味でなく、音を介して、台詞は二人の心と本音に寄り添うかのよう。決めた恋の終わり自体は切なく淋しいが、それぞれの吐く言葉には、しっかりと「互いの深い愛」の確認と共有があって、そのなかで彼らは別れる。だから、胸に沁みるのだ。

時空をこえる言葉とイメージ

第9話で、耳が不自由になって離れていた音楽に、歌詞のかたちで再びふれる気持ちになれた想。そんな彼が紬のバイトするＣＤショップを訪れ、未所持だったスピッツのアルバムを買う。そのままショップの裏口で、その歌詞カードを読み耽って彼女を待つ。そして、仕事終わりの彼女とＣＤをめぐる会話を交わすシーン。

彼が思い出したように、歌詞カードを揺さぶる動作をみせる。そしてバッグから取り出すのが「佐倉くんとは音楽の趣味が合うから嬉しい！」という、昔の恋心が綴られた「パンダ柄のメモ用紙」。高校時代に借りたスピッツのＣＤを返す際、紬が歌詞カードに挟んだものだ。当時そのCDを湊斗がそのまま借りて、見つけて「捨てた」と3話で語っていた、まさに淡い恋の思い出のかたまり。紬が「恥ずかしい。捨てて」と言うと、想が〝お願い〟を聞いてくれたらと手話で言う。「今は多分青葉の方が詳しいから」「青葉が好きなCD、貸して」ほしい。それを快諾して「じゃあ、返して」と迫るも、ゆっくり「やだ」と返す。

このときの、数秒溜めを作ってから、何も怖れのなかった青春時代のあの頃のような、無邪気な笑みの「やだ」が愛嬌たっぷり。そこからメモを奪おうとする紬と、それを高く掲げて渡さない意地悪な想との小競り合いが始まる。それが何とも微笑ましく、キュン全開。こう記すとありきたりに映るが、絶妙なポイントがいくつかある。

①「ねえ返して／返せ」とメモを奪い合う間、またその少し前も部分的に、紬は手話を使うことを忘れている。手をジタバタさせメモを取ろうと必死で戯れる状況のため、何を話しているか明確にわからなくてもお互い困らない。でもたしかにこの瞬間、二人が〝手話〟なしで戯れ（られ）ている。**束の間《音のある／音のない》世界の分断が解かれ、二人が固く通じ合っているような雰囲気が、やりとりの愛くるしさを強めている。**

②そして湊斗を介して想が受け取った「8年越しのメモ」は、いわば《恋文》。3話で、湊斗はメモに書いてある内容が「紬の声で再生された」と当時を語った。このシーンの次話で描かれるのは、想が「青葉の声が思い出せない」苦しみ。そこからかえりみると、メモも想にとっては辛いアイテムにもなりうる。だが少なくともここでの彼は、音楽に《詞を読む》愉しみもある再発見をしたあと。つまり「音のない世界」でも、好きな音楽に《読むこと》で、もう一度つながれる歓びを知った幸せで満ちている。加えて、メモの恋文は音がなくても彼女の想いを味わえる《書き文字》。それは、現在の彼がそのままのかたちで経験できる稀有な〝思い出〟の一つ。あるいは、そのまま変わらずある〝過去〟といってもいい。そんな意味もふくめて、時空をこえた「音のない言葉」を、彼がいま手にしていると考えると、視聴者の胸は熱くなる。

そして、メモに対するポジティヴな感覚は、彼が紬に頼んだCDの貸し借りにも投影される。つまり、ただ好きなCDを共有するのではなく、あの頃とは逆に今度は借りる側になったことで、今度は彼が返す時に「恋文」を挟むことだってできる。当時未達のままだったメモの存在が、CDの貸し借り、もっといえば音楽の愉しみをいま再来させている。たとえ本人が意識していなくても、そういう〝希望の影〟がシーンにたしかにあって、それが二人のやりとりを——たとえ耳が聴こえなくても、昔と変わらず、いやそれ以上に仲睦まじくできる愛らしさを、倍増させてみせる。

③このメモをわざわざ実家から探して、想へ返却したのは湊斗。そこにはメモをくすねた謝罪もあったかもしれない。でも最大の目的は「紬と想の恋」を応援すること。彼は自分のことはさしおいて、徹底して二人が幸せになればそれでいい、そう願っている。そんな根っから優しい彼の本性を、紬も想もよく知って愛している。このシーンだけを単体で見ると「イチャつく二人」の世界に映るが、そこにしっかり湊斗の存在が入り込んでいる。二人の隣に彼が（紬という恋人の座を想に譲って）しっかり親友としていることで、このシーンは生まれ成立しえている。映像的には二人だが、内容的には《仲良し三人》の戯れ。それが、強い友情と思い出、仲の睦まじさを一体的に感じさせてキュンを強めている。

そしてさらに重要なのは、この帰り道。紬の「ずっと」の手話が不正確なのを、想が直して教えるシーン。そのとき彼の手が紬の手にふれる。まずそこにドキッがある。でもそれは、手の温もりと感触だけによる単純なものではない。むしろ《手話の手ほどき》というシチュエーションの特別感が肝心だ。手話教室に通ってする経験とは別物。好きな人との意思疎通のために新しい言葉を獲得しようとし、でもまだ手話が未熟な彼女を、彼がリードして手助けする。好きな人とのコミュニケーションのために、《新しい言語》を習得しよう／教えようとするお互いの心。**その言葉をめぐる、真摯でまっすぐな「二人だけの世界」の本質に、ドキッとさせられるのだ。**言葉で通じるのではない。通じるための言葉を通して、通じ合う。何とも深い。

しかも、それが《ずっと》という永続を表す手話なのがロマンチックだ。直してもらったあと、幸せそうな顔で紬が想のほうに体を向けて、図らずも強調の意味に映るように「ずーっと」と彼の顔の前まで手を伸ばす。これが手話的には〈永遠に一緒に〉という色を帯びて〝短い一語の告白〟のようにも映る。手話を知らない視聴者でも視覚イメージで十分感じ取れる、紬の恋心を体現したキュン劇である。

ここで見逃せないのは、これに対して想が重ねて、僅かながら「ずっと」と聴こえる口の動きと吐息の音が、手話から漏れていること。無駄な音を入れず、丁寧なまで静謐に手話場面を描く本作では、他にも手話中の微かな声や息などが聴こえる場面はあった。でもこれだけ鮮明に、しかも恋仲的なムードから続くシーンだけに、その音は強くキュンとひびく。

そして、この「ずっと」の手話、二つの輪を横結びにするかたちは、物語冒頭で描かれた「雪だるま」とリンクしている。高校時代の雪の朝、丸い雪玉を「二つ作ってさ、いっこ乗っけて」と、雪だるまについて話す二人の会話から、物語はスタートした。この手話は、その《8＝雪だるま》を横にした形状。その《∞》は、手話でなくても「無限」を表す。シーンと時空、さらにはイメージや言語をまたぎながら、二人のやりとりが〝永遠の愛〟を刻むようなのがまた趣深い。あの冬の日、互いに頭のなかでイメージとして造形したカタチ。それを「8年」を隔てて再会した二人が、手話のワンフレーズとして、今度は実際に目にみえるように共同してつくる。それは運命的といってよいひと時だ。

だが、〝二人の恋〟が結ばれるように思えるこの時間、この感触も、次の第10話冒頭で早々に崩れる。途中までラブラブで、台所で洗い物をする紬のポニーテールをいじる想(ここもキュンだ)。そんな彼に、手が塞がっている紬は、声で「やめて」と話を続けてしまう。その瞬間、彼が彼女との距離を感じてしまうのがきっかけだ。メモでじゃれていたときの《手話不在の瞬間》とは逆に、そこでは《音のある／音のない》世界の溝を強く感じる。それだけに「ずっと」のシーンは切ない助走でもあるが、このシーンとしては、胸キュンポイントが満載である。

いっとき手話を忘れるときも、手話をまなび生まれるときも。二人は仲睦まじく胸キュンの雰囲気を纏う。それでも言葉の壁は、ラストに向かって彼らに苦難を与えていく。この一連のシーンは、**心トキめく要素たっぷりだが、作品のテーマ的には「言葉とは何か」を深く追求し表現しようとして、深く鋭くもある。**紬と想を結んでは切り離すコトバは、効果を発しても、暫くするとまた消える、まさに魔法のようである。

第3章

ストーリー論

第3章では、ストーリー展開のメリハリや構成によって生まれる《胸キュン》を考えてみましょう。

01 〝顔むに〞の胸キュンレシピ ——『好きな人がいること』

あらすじ

『好きな人がいること』（2016・フジテレビ系）……久しく恋も忘れて仕事に打ち込んできたパティシエの櫻井美咲（桐谷美玲）が、湘南のレストランに住み込みで働くことに。共同生活をすることになるのが、シェフとしての柴崎夏向（山崎賢人）、初恋の相手の千秋（三浦翔平）、冬真（野村周平）のイケメン三兄弟。夏向と千秋の間でゆれる恋心と仕事への情熱、兄弟愛を描く純愛系ラブコメ。 **#キス顔の仮構　#ナチュラルキス**

《キス》の物語

ラブストーリーにおける、最終回の「エンディングキス」。それは、これまで二人が紡いで蓄積してきた想いやイメージ、経験やエピソードなど。それら全てをかけて表現される〝ゴール〞である。やっと辿り着くことができて、見たことのない初めての景色であればあるほど、新鮮な感覚で視聴者の胸に深くひびく。

最低限の口数で寡黙、周囲には無関心で無表情、態度や言動も不愛想。シェフとしての熱心な仕事ぶり以外は、普段〝ツン〞を極めたひねくれ者の夏向と、ヒロインの美咲との恋を描く『好きな人がいること』。この物語の最大の巧さは、美咲と夏向の恋を《キスの物語》として、**ブレずにコツコツ一貫した色をつけて描いたところにある。その丹念な準備が、ラストへ向けた効果として、わかりやすくも見事に活きた好例といえる。**それを具体的に見ていこう。

最終回のキスは、大喧嘩をした険悪さとわだかまりを抱えたまま、美咲が海外へ旅立とうとするシーンで交わされる。最後まで冷たく突き放した態度をとる夏向が、出発ギリギリに空港へ駆けつけ、素直な気持ちをぶつける。

別れ際の空港という舞台での告白、好きな相手を呼び止める叫び声、そして愛情の証を表すハグとキス。これぞ〝月9のラブストーリー〟らしい、ベタをギュッと詰め込んだ定番の作りで、逆にそれが見応えがある。

最後の挨拶を告げて去りゆく彼女の背中に向かって、大きく「美咲！」と叫んで、彼が駆け寄る。その声に彼女がふり向くと同時に、突然強く抱きしめて言う。

「お前が好きだ。俺がずっとそばにいてやる」

「でも私今からニューヨーク……」

「でも」と開く彼女の口と言葉を遮るように、熱くキスをする。そして続ける。

「お前がどこにいようと関係ねえ。俺がそばにいてやるっつってんだよ。だからお前もずっとおれのそばにいろ」

紆余曲折を経て、いつもなかなか素直になり切れない夏向が、本音を剥き出しにして、プロポーズともいえる〝愛の告白〟を、ストレートに、でもＳっ気ある性格から「俺についてこい」スタイルでぶっきらぼうに伝える。そして二度目のハグをする。ここまでの展開だけでも、人物のツンデレギャップを効かせた大胆な言動で、王道らしい胸キュン感たっぷりだ。

《顔むに》が恋を調理する

しかし、真に圧巻なのは、このあとである。「私もずーっとそばにいてやる」という彼女の返事のあと、幸せの笑みをこぼす二人が見つめ合って、もう一度、唇を重ねるシーン。互いに瞳を閉じながら、吸い込まれるような〝ナチュラルなキス〟をする。ここだけを単体で見れば、ありきたりなキスシーンに映るかもしれない。だが、この物語は、ラストまでこうした《現実的なキス》に歯止めをかけ、それを徹底して回避する描き方を貫いてきたのだ。それを最後に達成して披露するからこそ、感動的なのだ。つまり、**ストーリー展開とそこまで蓄積されてきたもどかしさがあって、このキスは〝破格のキュン〟を与えるのだ。**

では、ラストシーンに至るまで、どのように《キス》を描いてきたのか。肝になるのが《顔むに》である。《顔むに》は、恋人や好意ある相手に対して、黙らせたいときや自分の話へ反抗するときなどに、じゃれ合う感じで片手でむにっと〝両頬を挟むようにつまむ〟、愛嬌ある胸キュンアクションだ。重要なのは、その《顔むに》とラストを飾る《キス》とが、どう関係しているかである。

物語冒頭に象徴的な会話がある。パティシエの美咲が湘南のレストラン「Ｓｅａ Ｓｏｎｓ」で働く（結果的にそこを営むイケメン三兄弟と同居する）決心に至る動機となるのは、仕事も恋もうまくいっていない彼女の状況。そのなかには、暫く恋さえできていない状況を打開したい気持ちもふくまれている。恋することも疎かにして四年間もキスをしておらず、「キスの仕方も忘れた」ほど仕事尽くめでやってきた美咲を心配し、女友達は彼女に「素敵なキスを」してほしい想いもこめて、新天地行きを後押しする。その時の友人の言葉が、これだ。

「先輩キス顔してみて下さい」

（中略）

「それですよ、それ。キスする時、唇尖らせませんよ」

（中略）

「先輩の唇、梅干しみたいですよ」

この言葉がきっかけとなって、ひと夏のラブストーリーが動き出す。

新しく働く湘南のレストランで出逢うのがシェフの夏向。初対面から美咲と夏向の相性は最悪。それを印象的に映しだすのが、〝イチャホン〟のシーンだ。一緒に働く仲間としてコミュニケーションを取ろうと、美咲が歩く夏向に話しかける。でも、彼は音楽に集中したふりで素知らぬ顔。そこで彼女は、彼のイヤホンを片方取りあげて話しかけ、続けてそのイヤホンを耳にして「へえ、こういう音楽聴くんだ」と言う。それに夏向は、もう一方の自分のしていたイヤホンも彼女の耳にさして、音量をＭＡＸにする。胸キュン必須モチーフの〝イチャホン〟を利用して、逆に仲の悪さを描き強調する演出だ。その行動に「最悪信じらんない……」とつっかかってくる彼女に対し、彼が畳み掛けて行うのが《顔むに》である。

　夏向の上から目線のＳっ気ある性格と、口を封じられ「ううっむむっ」と言葉にならない声をあげる美咲の従順な可愛さがよく光っていて、このアクションだけでも十分キュンがある。頬を摘むことで生まれる美咲の変顔。それに一瞬クスッとしてみせる、不愛想な夏向の愛らしいギャップある一面もキュンだ。

　しかし重要なポイントは、頬をつぶした彼が言う「お前の唇、梅干しみたいだな」という一言。先にみた物語冒頭に置かれた、美咲の友人の言葉としっかりリンクしているのが分かる。**〝頬をむにっ〟とさせることで、干からびた〝梅干し〟のような唇の形を作る。**

これが二人の「恋の象徴」となり、物語は進んでいく。

この《顔むに》は、全10話を通して、主要なところだけでも「6回」も繰り返し登場する。その話数と場面の台詞を併せて列挙すると、こんな具合だ。

①橋上でのイチャホン…「お前の唇、梅干しみたいだな」【1話】
★②夏向からのキス…「キスしたがってるんだろ」【1話】
③夏向が海の船上でみせる笑顔…「お前が溺れた時の必死な顔……」【2話】
（美咲の机に伏した寝顔――〝鼻をつまむ〟【3話】も変化形の一つ）
④夏向が風邪をひいた看病…「うるせえ」【6話】
⑤夏向が美咲のパティシエ交代を拒絶…「言い訳すんな」【8話】
★⑥美咲からのキス…「あんたに返事しに来たって」【9話】

どれも上から目線で夏向が強引に《顔むに》をし、彼女の口答えを「黙っていろ」と威圧するパターンが多くを占める。そのなかには、彼女への〝照れ隠し〟と〝愛着〟もたっぷり滲んでいる。視聴者はこの反復して描かれるシチュエーションをキュンキュン愉しみながら、二人の恋の進展を見守っていく。これがこの物語の、いわば基本文法になっている。

そんななかでも、とりわけ大きな意味を担って印象的なのが、★印の②と⑥だ。最終回のラストシーンを除くと、物語で二人が《キス》を交わす特別な場面だ。ともに〝頬をむにっ〟と摘んでできた梅干し唇へ、口づけをする。つまり劇中で描かれる二つのキスは、ともに《顔むに》のもとに描かれているのだ。

しかし、そのキスは《顔むに》で作られた、いわば「作り物のキス（顔）」でしかない。《現実的なキス》というテイストではないのだ。そして実際に、ここで《キス》を伴う《顔むに》は、途中にある③～⑤とは違って、二人にキュンを生まない。むしろキュンとは正反対に、決定的な仲たがいを起こしてしまう。二人にとって《キス》は、リアルな様式に辿り着くことだけでなく、幸せの訪れという点でも、とにかく遠いのだ。

最悪のキス

②はラブストーリー全体からみても、そして二人の恋という点でも、実質的な〝恋愛劇

の始点〟とも言えるシーン。夏向は最初、新しく店へきた美咲を認めず、厨房へ入るのすら許さない。彼女が、兄の千秋目当てでやってきた「下心丸だしで中途半端に仕事」をするタイプと思い込んだためだ。それに追い打ちをかけるように彼が目にしたのが、「キスするまで帰ってきちゃダメですからね」という女友達のコメントの付いた美咲のインスタ投稿。そんな彼女が試作ケーキを作って、仕事を頑張ろうとする姿を見た夏向は、突然、力任せに美咲に《顔むに》をして、強引に口づける。そして「キスがしたかったんだろ？満足したらさっさと出てけ」と、冷たく言い放つ。

たしかに《キス》は果たされたが、最低最悪なかたち。もちろんそこには想いなどない。あるのは、一方的な決めつけから来る、彼女のパティシエのプライドへの蹂躙《じゅうりん》と敵対心だけだ。

恋愛作品では〈最悪の出逢い→最高の結び／別れ〉という鉄板の展開パターンがあるが、この物語もそれに沿って進む。大切なのは、それをどう演出するか。**何をキーにその流れに色づけをするか。最後のハッピーエンド／バッドエンドに至るまでには、一つのテーマが通底していることが重要。**それによって、描かれる主軸の恋模様が、輪郭をくっきりさせて締まる。そして恋の動きにあわせたキュンの心理劇も、効果的に働く。
この物語では、それが《キス》だ。《顔むに》のスキンシップとやりとり自体は、たしかにキュンだ。でもそれによってつくられた「キス顔」に、どれだけ唇を重ねても《最悪のキス》にしかならない。その失敗を描きつつ、どう《最高のキス》に至ることができるか。それをキーポイントにして本作は、恋を描いているのだ。そして、そこにブレがない。

いまみた②が、ラブストーリーの始まりとしての《最悪のキス》だとすれば、その対になっているのが⑥。恋心を育んできた二人の（ラストシーン手前の）いったんの終わりとしての、もう一つの《最悪のキス》だ。

最終回直前の第9話。美咲は、夏向と千秋の二人からの告白に板挟み状態にある。そんななかで、パティシエの仕事ぶりへの信頼・評価もふくめ、夏向が自分を一途に想ってくれているのを知った美咲は、千秋との関係にケジメをつけてから、彼のもとへ駆けつける。前に好きといわれた際、保留にしていた告白の返事を伝えるためだ。

「あんたに返事しに来たって言ってるでしょ。あんたが好き。私が好きなのは夏向です。あんたのそばにずっといたい」

そういいながら、今度は②とは逆に、美咲のほうから彼の〝頬をむにっ〟と摘んで、長めのキスをする。恋模様的には、ここまでで二人の想いは十分通じ合っていて、最高の告白劇のように映る。幸せが訪れるような気配がただよう。でも彼の顔には笑顔は見えず、彼女から逃げるようにして「もうお前のことが好きじゃなくなった」という想定外の返答が返ってくる。仕事ぶりを認められ海外でのチャンスがめぐってきた美咲を思って、自分や恋が障壁とならないように背中を押すためだ。でも、そのことを明かさない夏向とそれを知らない美咲との間には、悲しく深い溝ができてしまう。それを抱えたまま最終回のラストシーンへ……。

紆余曲折ありながらも、育んできた恋がようやく実るかに見えたシーン。だが実際には、美咲からのキス（で）も、幸せには至らず、むしろ二人は離れてしまう。ここでも、「キス」は二人に傷を与えるだけ。ハッピーな方向へ向かうだろうという美咲や視聴者の期待や予感もろもろを裏切って、想いは拒絶されてしまう。悲しく切ない、またしても

《最悪のキス》の再来である。

最悪な印象の出逢いをして間もない①②を始点に、仕事への熱意や性格を徐々にではあるが、お互いに理解し合って恋を深めていく。その時間とプロセスを、③〜⑤を通じて、《顔むに》が持つ本来の胸キュンらしさで「じゃれ合って仲睦まじい風景」で、印象的に刻むように描きだしてきた。その先に迎えた⑥なだけに、決心を固めた美咲の《顔むにキス》を夏向に否認されたことは、悲哀もひとしおに映る。

しかも①〜⑤は夏向からのアクションだが、⑥だけは攻守を入れ替えた〝逆キュン〟構図。**キュンが増すシチュエーションでもあるだけに、バッドな印象はより強烈に、だが効果的に視聴者にひびく。**ここは最終回手前の展開部。それだけに最悪ではあるが、それが逆に残り少ない一話で「ここから美咲はどうするんだろう」「どんなハッピーエンドになるんだろう／ならないんだろう」といった期待感を高めることにもつながっている。その意味でストーリー的には、急降下の展開を、胸キュンギミックを逆手に取りながらみせる作りは、シンプルながら「お見事！」という感じである。

こういう具合に、第1話から第9話（最終回前）まで、一貫して《顔むに》が、二人の恋模様をなぞるように描いて、体現していく。《顔むに》がずっと、彼らの恋を盛り立て、距離が近づいている証のようであった。その間、《顔むに》自体のアクションで、またそのなかに現れる二人の仲の良さでもって、胸キュンを随所で感じさせた。でも結果的にそれらは、二人を幸せへは運ばない。《顔むに》はキス顔を作りはするが、実際の《キス》は近いようで遠く、そしてそれが果たされても《最高のキス》を生まない。それを抱えたままに物語ラストへ突入していく。

比喩的にみても、《キス》をする②も⑥も、唇のかたちは頬をつぶして作られた、友人曰く〝梅干し〟のかたち。《キス》が達成されても、美咲が望む素敵な恋ではなく「干からびた唇」もそのままといえる。本当の意味で「キスの仕方」を忘れた状態から脱せないのだ。

このように、この物語は《顔むに》という「一つの胸キュンアクション」に、恋心とその未成就、また幸せな《キス》への期待感を集約していく。ストックしていく。それが豪快に〈上書き・更新〉されることで、彼らの恋は〝解放的なエンディング〟を迎えるのだ。

蓄積した恋心が一気に噴出し「未知のキス（光景）」が実現するのが、最終回のラストシーン。そこで二人がみせる劇《ドラマ》は、空港での別れ、叫び声、本音の告白……、どれもラブストーリーのクライマックスとして欠かすことのできない胸キュン要素に包まれている。だが一番の肝はやはり、そのキスに〈フィクショナルな色〉がないことに尽きる。そこまで「二人の恋」を象徴してきた《顔むに》、それによって作られた《梅干し唇のキス顔》は、もうここにはない。

たしかに《顔むに》にも、そのやりとりもふくめて胸キュン的な側面はたくさんあった。だが一方で、それは〈誇張《デフォルメ》され、様式化《マニュアル》された〉仕草と光景でもあった。どこか非現実的で作り物感があった。良く言えば、その〝型〟があることで、彼らの恋はキュンキュンしえた部分もある。しかしその反対もあった。直接的な感情表現が苦手でシャイな夏向と、活発爛漫にみえて照れ屋で乙女な美咲は、ともに〝照れ臭さ〟と〝恥じらい〟を抱えながらの歩みより。そのため、心は近づいているのに〝相手との距離感〟をつい必要以上にとってしまう。そんな両者にとっては、頬を摘む《顔むに》が精一杯のアクション。局面局面で〝臆病さ〟から、それを必然的に選んできたと言えなくもない。

だがその臆病さは、青春感ある胸キュンらしい恋の一コマであっても、真に二人を結びはしない。むしろそれは、踏み越えなければならない「障壁」になった。そういう風に、物語は恋愛劇を運び描いてきた。

照れや遠慮、あるいは躊躇。そういったものをすべてかなぐり捨てて、それを忘れるぐらい自我を曝け出した愛の確認と伝達。それを惜しげもなく実現できたのが、変な繕いや仕草なしに行う、ラストでの《ナチュラルなキス》に他ならない。**つまりこの《キス》は、二人が「胸キュンから一歩踏み出た」瞬間なのだ。**それは言葉をかえれば、胸キュンを越えたラストシーンの光景と言ってもよい。胸キュンラブストーリーで、胸キュンを越える。これこそ、胸キュン作品作りの一つの到達点かもしれない。

もう、梅干しの形を作る《顔むに》ような作為的な所作は要らない。「キスの仕方」なんてものも意識する必要はない。存在するのは、日常にあるのに近い《自然なキス》。この作品のキーワードを借りれば、まさに「それだけ」のこと。でもそれが、清々しくも新鮮な空気を纏って、物語のなかに初めて立ち現れたことで、ラストの感動を目一杯ビビッドにみせるのだ。

このとき、夏向が差し向ける〝手〟が、いつも頬を〝むにっ〟とする高圧的で力ずくなものでない点にも注目してほしい。美咲の首後をそっと支えるようにして、自然にキスをサポートする、さり気なく添える〝優しい手〟に置き換わっている。「キスの仕方」さえ忘れた美咲を、彼の手が自然とリードする感じで、そこから醸しだされる純愛感もいい。

そして二度目のキスをする直前、彼が一瞬顔を横にそむけて〝はにかみ〟を見せるが、それは照れだけではない。物語の各所にあった「ふっ」という、仕方ないといった感じの自嘲でもない。そこには、彼女に向けたあらためての告白の返事として「ずっとそばにいる」という言葉をもらって、〝永遠の愛〟を確認した歓びと満足の笑みもわかりやすく交じっている。実際その表情は、劇中のどれよりも力が抜けていて、和らいだ微笑み。もちろんドＳの性格が変化したわけではないが、美咲との恋によって「心が解けた」様子が、その笑みにはよく現れている。

表情に心の内を出さない性格だからこそ、この夏向の本当に突き抜けた笑顔を、飾らず屈託のない笑みを、ずっとずっと視聴者は心待ちにしてきたのだ。それをようやく見ることができたときのキュンは絶大なのだ。

シンプルに守り抜く〝胸キュンレシピ〟

　胸キュンストーリーは、ともすると「手をかえ品をかえる」ように、主人公の恋を多種多様なキュンとするアクションで彩り、刺激を重ねてストーリーを動かそうとしがち。アクションの種類や数の多さだけでなく、ときにスケールも大きくしながら、だ。

　こうしてみてきた「夏向×美咲」の恋のかたわらで、他の胸キュンアクションが劇中になかったわけではない。それらは、兄・千秋に委ねるように描かれている。美咲をめぐる三角関係を決定的にする突然の「バックハグ」を中心に、「腕つかみ」「肩の抱き寄せ（肩ズン）」「お姫様抱っこ」「頭ポンポン」など、多角的な胸キュンアクションで美咲と恋愛していくのが千秋だったのだ。それが言わば、香辛料のようなアクセントの役割を果たして、作品全体の〝胸キュンバランス〟を整えてうまい構成にもなっているのもポイントだ。

　胸キュンアクションを散りばめて、多用した劇作りもたしかに劇的だ。しかし本作のように、**限られた〝単一のアクション〟に恋を託すような描き方も、見応えがある。**恋模様だけでなく、都度現れるキュンや、またその展開ぶりにも締まりが効く。テーマは小さくていい、アクションも派手でなくていい。その一つを守ってバトンするように、それを巡った恋を形づくって提示していく。こうすることで、夏向たち兄弟、そして美咲が守ろうとするレストランの看板メニュー「オムバーグ」のように、〝この作品といえばコレ！〟という、そして多くの人々に愛される味（刺激や感動）を作れるのだ。

そうした《胸キュンのレシピ》には、特別な新しさはないかもしれないが、時代をこえて愛される力がある。

02

"身体"のキュン劇、告白も振るのも〈全力〉で……

——『ひるなかの流星』

あらすじ

『ひるなかの流星』（2017・東宝）……田舎から転校した、まっすぐな性格の女子高生・与謝野すずめ（永野芽郁）。そんな彼女が、大人の魅力あふれるイケメン教師・獅子尾五月（三浦翔平）に想いを傾ける一方で、不愛想でクールながら心優しい同級生・馬村大輝（白濱亜嵐）からもアプローチを受ける。その三角関係を爽やかな青春劇で描く。

#全力走り　#床ドン

《全力》で貫かれた恋愛

青春といえば《全力》だ。胸の内にある想いをありったけぶつける。それは告白をするときだけでなく、その返事を返すときも、たとえ振るときも全身全霊であるのが、若者らしく爽快で理想的だ。ひたむきでストレートであればあるほど、胸を切なくさせて、観る者にも手応えのあるキュンを作り出す。懸命に心をこめるというのは当たり前だが、それだけでは必ずしも《全力》感には映らない。痛烈な胸キュンストーリーを生みだす《全力》とは、一体どんなものだろう。

告白（シーン）は、ラブストーリーでは欠かすことができない。しかし多くの作品では、どうしても告白、その一点の印象ばかりが強かったり、作品全体で「告白」と「振る」の描写が乖離した感じで、ちぐはぐな印象だったりする。つまり、好きだという想いを伝える／受け取る、その見せ方のバランスにムラや偏りが生まれることが珍しくない。そんななか、限られた短い尺のなかで、計算し尽くされた「告白」と「振る」、すなわち「恋の始まり」と「恋の終わり」の双方を一貫して《全力》で彩り、しかも対比的に描いて見事だったのが映画『ひるなかの流星』だ。

主人公のすずめは、ピンチを救い大人の魅力と余裕をみせる担任教師・獅子尾に最初惹かれる。だが次第に、女子に免疫がなく不愛想で冷たいながら少しずつ打ち解けていく心優しい同級生・馬村との間で、恋心をゆらす。その恋愛展開を大まかに追いかけてみると、こんな感じだ。

①獅子尾に恋する
②クリスマスに馬村と急接近／獅子尾とはもう一歩進まず
③獅子尾に告白／同時に振られる

④馬村からの告白／翌日に返事（交際開始）
⑤獅子尾との再接近
⑥獅子尾からの告白／同時に振る
⑦馬村に改めて告白（ハッピーエンド）

すずめが、同級生・馬村と交際するのは④から。だがそのあと、彼とつき合いながらも、最終盤の⑥まで、彼女は獅子尾への想いを明確に捨てきれずにいる状態が続く。物語のラストは、そんな獅子尾への未練に終止符を打って、⑦で馬村とのハッピーエンドへ向かっていく流れだ。

　このなかで、《全力》によるキュンの見せ場となるのが、すずめが二人へ気持ちを伝えるために起こすアクション。具体的には、④馬村から受けた告白へ返答する場面と、ラストの⑥獅子尾へケジメをつけ、⑦馬村に改めて告白する場面だ。この作品の肝は、そのいずれにおいても、すずめはただ心情を思い切り伝えるだけでなく、身体全体を使って、つまり〝肉体〟で〈想いを届けに行く〉という描き方を徹底しているところにある。

恋は〝身体〟で表現するもの

すずめの《全力》ぶりは、④馬村からの告白／翌日に返事に行くところから早くも、観客を力強く捉える。馬村は彼女に告白するとき「答えは今じゃなくていい」と言う。すずめはそれを受けて一晩悩んで、翌日返事をする。それが登校前の早朝なのだ。馬村も「いま？」というほど想定外の時間だ。青春恋愛作品らしく、翌日の放課後なんて選択肢もありえるのに、だ。でも彼女は、返事をする相手への誠実さと、自分の出した答えをいち早く伝えたい想いから、朝日がのぼると同時に行動に移す。このタイミング選びの時点で、もうしっかり《全力》なのだ。

　すずめは、彼の家へ向かってひたすら走る。沿道の新緑あふれるまっすぐに伸びた線路沿いの道を、猛スピードの電車に負けない勢いで〝全力疾走〟する。髪とスカートをなびかせ、息を切らして走る。爽快に晴れた早朝という状況もあいまって、その姿は青春感あふれる清々しさで、ときめき満載だ。視聴者には告白を受けるか断るか、この段階では分からないが、「結果」がどっちであっても、もはや構わないような充足感でシーンは進んでいく。それほどまでに彼女の走りは、こちら側に満足感を与える《全力》感たっぷりなのだ。自分の出した決断と気持ちを、いち早く相手のもとへ届けようとする誠実さ。そして何に頼るでもなく〝身一つで体当たり〟していく実直ぶり。ネット社会が当たり前になって、告白もふくめた恋愛のあらゆるやりとりがＬＩＮＥなどスマホによるものが中心になって、素早く交わされるのが現代。そんななか、こうした〈想いを身体で運ぶ〉というアナログな描写と光景を、十分な尺（時間）を使って存分に見せるのは、じつに新鮮で胸を打つ。

そして、切らした呼吸を整えつつ始まる告白への返事。その伝え方にも、《全力》が滲む。**変な誇張や装飾、言い訳がましさといった作為を一切感じさせることなく、自分の想いを〝時系列〟のままにぶつけていくのがいい。**前半で辿りつくのは、獅子尾には「恋してる感じ」があって馬村と違う、なので「ごめん」という言葉。ここで、誰もが馬村を振ったように思ってしまうだろう。でもそれはミスリードで、こう続ける。「というのが、昨日までの私の考えでして……」と切り出して、後半は「全力で馬村の方を向く努力をする」と告げて「付き合ってください」と返事をする。その話の展開の仕方は、たしかに馬村の台詞通り「めんどくさく」て「ぐちゃぐちゃ」したマイナス面もある。だが一方で、感情を〝頭〟で整えたプロット仕立てにせず、時間順に生起し湧き立ったまま連ねてぶつけて、〝心〟をまるごと相手に投げ出すようなテイストで、その「誠実さ」のほうがプラスで上回る。

告白は、言葉や内容だけではない。その「伝え方」、どんな自分で臨むかも重要である。その点、彼女の話の進め方もふくめた、ありのままの自然体の自分でぶつかっていく姿は、全力投球の気持ちに満ちていて、初々しくて潔い。心を剥き出しにした告白（やそれに対する返事）は、大人になればなるほど難しくなる。カッコをつけたり、配慮をしてしまったりする。そんな意味でも、このシーンに詰まった、〝若いこの歳この時〟にしかできない《全力》の特別感は力強く、二人の「初恋」を愛おしくも、かけがえのないかたちで彩ってひびく。

そしてここからがポイント。さらにキュンを引き立てるのは、この先のシーンのまとめ方。告白にＯＫを出したすずめがふと我に返ると、もう周囲には出勤する人々が歩く時間になっている。そして、自分も登校準備のために急いで自宅へ帰らなければならない。そのときも、往路ほどではないものの、マラソン並みに〝駆け〟ながら自宅へ引き返していく。帰りも、彼女は再び走るのだ。しかも飛び切り澄んだ涙を頬に伝わせながら。すずめは獅子尾に振られたときに「次泣く時は、嬉しい時か誰かのため」と決めていたが、ここではその両方の涙を一緒に流すことができている。その充実感と幸福感が、風を切って走る姿に混じる。

　登場人物が恋のために〝走る〟のは恋愛作品の定番アクションの一つだが、たいていの場合は、走っていった先での出来事を描いて終わる。そこをシーンの流れのクライマックスと終着としてしまうことが大半。だがここではそうではなく、告白への〝行き〟も〝帰り〟も両方をしっかりシーンに収めている。こうした告白劇で、恋の結実する〝前〟と〝後〟どちらをも、しかも〝走る〟かたちできっちり描き切っているのは、じつに珍しい。**恋愛は付き合うことが決まる事実自体よりも、その瞬間から世界が違ったようにみえて、新しい景色がひろがることのほうが重要だったりする。**なのに多くの作品は、その一面だけ——多くは相手へ走っていって辿り着くまで——を描いて、済ませてしまう。だがここでは、来た時と同じ道を帰る彼女の走る姿に、交際が決まったあとに訪れる新鮮な感覚と、告白後の余韻がぞんぶんに描かれて、他の作品ではみられない胸キュン具合になっている。そして、そこから感じとれるのは、すずめの喜びへの共鳴や感動をこえて、より深く「恋っていいもんだ」という気持ちへ、観る側の心理を導き、昇華するような感動に満ちている。もちろん恋とは「感情・心情」の動きに他ならないが、この帰路を行くすずめは、恋そのものを「身体」全体で受け止め、体感している感じだ。

恋は単なるアクションでもイベントでもなければ、頭や心だけのものでもない。特別な感興が「全身」を駆け巡ってこそ、それが「身体」に現れ出てこそ、本物の恋なのではないか。その点この帰り道は、胸に込み上げてくる初恋のエッセンスのようなものに触れて、それを伝える力を持って魅力的である（ちなみにこの直後、すずめをめぐる馬村と獅子尾のライバル闘争が「運動会のリレー走」として象徴的に描かれる挿話があり、しっかり〝走る〟はテーマとして劇の終盤に向かってつながれていく）。

〝振り〟に行くのも《全力》

そして恋の最終判断、つまりすずめが本当に好きなのは、馬村／獅子尾のどちらなのか。それを決める物語の最終盤である⑥と⑦でも、すずめは再び《全力疾走》をする。ここでも彼女は一方的に走るのではなく、力一杯〝往復〟するのだ。

校外実習に出かけた山間の合宿所で、獅子尾の事故の報せを聞いて、すずめは気が気でない。まだ獅子尾への想いがあると思いこんでいる馬村は、そんな彼女の様子を察して、自分の好きな気持ちを押し留めるように、愛おしそうに切なくハグをして「行け」と言う。「お前はまだあいつのことが好きなんだよ」「逃げんなよ、逃げっぱなしのお前なんかみたくねえよ、早く行け」と、彼女を獅子尾のもとへ送り出す。何とも男らしいセリフだ。

ここからすずめが走り出すが、その前に一つ印象的なキュンポイントがある。彼女は馬村に〝深く一礼〟をしてから、彼のもとを去っていく。転校してきたばかりの彼女が、隣の席になった馬村と友達になろうと言うときも、彼女は両手をピンと前へ突き出して〝お辞儀〟をして頼んだ。人に対して丁寧で礼節ある性格ゆえのものだが、大事な局面でこそ、すずめはしっかり精一杯「身体」を使う。そしてその「ありがとう」と「行ってきます」の双方の意味をふくんだ一礼は、腰から背筋をピンと伸ばしたかたちで深々と曲げられて、その姿勢の良さに《全力》の心向きが表れている。**彼女の〝心のまっすぐさ〟が、身体の直立ぶりで示されてもいて、フレッシュなときめきが強く滲む。**

すずめは、一直線に伸びた街並みを、駅へ、東京へ向かってひた走る。ただ心配で駆けつけるという目的のためだけでなく、「自分の本当の気持ちと先生の本当の気持ちに向き合う」ために。そして、病院ロビーで自転車とぶつかっただけで無事だった獅子尾に会う。その会話のなかで、すずめは獅子尾から告白を受ける。以前に振ったのを謝りつつ「好きじゃないって言ってごめん。好きだよ、すずめ」と。だが彼女がだす答えは、「私も先生のことが好き、でした」、でも「私がいま大切にしたいと思う人は先生じゃない」他にいる。でも「これはちゃんと恋でした。誰が何と言おうと私の初恋」だったと涙ながらに気持ちを伝え、獅子尾からの告白をきっぱりと断る。結果的には、彼女は不意の告白をしてきた獅子尾を〝振る〟訳だが、そこにネガテイヴな印象は残らない。むしろ逆で、これまでと今ある気持ちを曖昧にしない《全力》の態度、そして心にあったもの・あるものの全てをきっちり相手へ伝える誠実な《全力》の口ぶりは「出し切った感」にあふれて、その姿は爽快で感銘さえ与える。そんな彼女に対し、観客は応援したい気持ちに駆り立てられる。

だがこうした印象を支え、観る者をキュンとさせる《全力》はこれだけではない。すずめにとってみれば、病院で獅子尾が告白してくることや、彼が好きでいてくれたことは想定外だったと思われる。しかし彼に会う前に、彼女は「先生と向き合うと、先生に気持ちが戻っちゃうんじゃないかって」心配という自分の気持ちと闘いながら、「今は馬村のことが好き」「今はもう先生のことが好きではない」という自身の想いを確かめるように抱えて、それを届けるべく《全力》でここへ走ってきた。台詞で「本当の気持ち」と強調しているが、自分だけでなく相手の想いが実際どうなのか、またその二つが面と向かってぶつかるとき、どういう気持ち（答え）になるのか。馬村への恋心を抱えて確認するかたわら、そうした未知なる不安や、どうなるかわからない局面へ飛び込む怖れも目一杯背負いつつ、それに負けないよう駆けてきた。その身体をフルに使うなかで起きている、目的地に辿り着くまでの〝長い心のプロセスの真剣味〟にも、観客は心が奪われているのだ。だからこそ、ラブストーリーにおいて、心の痛みや切なさが際立つ「振る」シーンながら、どこかポジティヴさが最後に強く残りもするのだ。

ふたたびの《全力疾走》、そしてゴールへ

獅子尾と訣別した直後に（実際には翌朝なのだが、振ったシーン直後のようにも感じる劇の流れになっている）、彼女は馬村のもとへ戻っていく。ここでも90度までしっかり頭を下げた「深い一礼」でもって、その場を後にする。大切な人のもとから去る、別の大切な人のもとへ行く。その折り目で、いや区切りだからこそ、すずめは《全力》の礼儀を欠かさ

ない。一言では収まらない心にあふれるものを〝身体〟に目一杯こめる。魅力的だ。そして彼女は走ってきた〝反動〟を使うようにして、馬村のいる合宿所へと跳ね戻っていく。もちろんそれも《全力疾走》で、だ。そのスピードと迫力は今までで一番凄まじく、馬村の前に辿り着く寸前でつまずいて、彼に「馬乗り」になってしまうほど。そしてその体勢のまま、ラストシーンとなる⑦の再告白が始まる。

ここでのポイントはいくつかある。繰り返しになるが、まず④と同じくヒロインが「好き」を携えて《全力疾走》をしていること。それもしっかり「往復」する様式で。葛藤を含むものの、行きは「先生への過去の好き」、帰りは「馬村への現在の好き」を携え届けようとして走る。そしてその往復は、〝最終的にどっちの男性を選ぶか〟という恋愛作品の肝となる選択そのものを体現している。**それが彼女の〝振り子〟的な身体運動を通じて、大胆な臨場感をもって、観客の「どうなるんだろう」という関心を刺激し、巻き込むかたちで働いているのだ。**

また彼女が戻ってくるのが、④同様に「早朝」という点も見逃せない。今度は馬村のいる合宿所が山中で、新緑全開の大自然のど真ん中。目の前には湖も広がり、朝の光が草木を輝かせる。そんななかへ《全力》で息を切らして走ってくるすずめの、たくましくもまっすぐな姿は、先のシーンにもまして、ほとばしる生命力を放って、眩いフレッシュさで観客の心を惹きつける。

加えて④も、また獅子尾への行きの⑥もそうだったが、彼女が「手ぶら」で走る点も〝がむしゃら〟感を極めて胸をゆさぶる——恋に必要なのは自分の想いと相手の存在、それだけで十分、他には何も要らないのだ。

そして何より、「馬村」の名前を何度も叫びながら走ってくるのがまた熱い。ラブストーリーでは、恋する相手を探したり、追いかけたり、あるいは引き止めたりする場面で、「走ること」と「名前呼び」を掛け合わせることは少なくない。だがこの作品においては、これだけ走っているにもかかわらず、これまで「走りながら名前を呼ぶ」ことはなかった。つまり留保されていた。それが、ラストシーンの⑧でようやく両者が組み合わさることで、カタルシス的な興奮を生んで大きい。

逆キュンスタイルの「床ドン」

先ほど「馬乗り」と書いたが、胸キュン用語で正確に言い直せば、すずめが馬村にとる体勢は《床ドン》である。壁ドンを垂直軸に置き換えたようなため、その変化形の一つと捉えることも多い。壁ドンをはじめとする「○○ドン」は、突然一方が「○○」にあたるものの側へ相手を追い込み、手（など）をついて、相手との至近距離を作りだす。これがアクションの基本だ。《床ドン》の場合は、壁ドンよりも偶発的な場合が多く、実際ここでもそう。**主に部屋の中などで急展開を作って、その後どう身を重ねるのか重ねないのか、人物も観る側もドキドキするアクション手法。**襲いかかって押し倒すのとも似ているが、あくまで暴力性や強引さが適度（またそう感じさせる当事者間の関係性やムードが前提としてある）。ここでもその体勢になるほど倒れる勢いはあるものの、そのあとは、それ以上の身体的接触にまで即座に及ばない。もちろん発展的にキスに及ぶようなケースもあるが、基本は距離をなくすための動きというよりも、あくまで二人に「至近距離をつくる」ためのアクションだ。他のアクション同様、これまでの作品では、動作の主体は男性であることが多かった印象だが、ここでは女性ヒロインが覆いかぶさるかたち。定番の胸キュンシチュエーションを起こす側の性別（主客）を入れ替えた、通称「逆キュン」と呼ばれるもので、一般的なキュンと趣きが異なっているのも特徴。これもラストシーンの斬新さを補強している。

壁ドンは、どうしてもアクションする側のつく手と近づく顔に目が向いて、上半身の劇（ドラマ）になる。だが《床ドン》では、下半身の足運び位置も、キュンを左右するポイントになることが少なくない。ここでも馬村の開いた両脚のなかに、すずめの揃えた両膝・両足がすっぽり収まっているのが、新鮮に目に飛び込んでくる。全力で駆けてきて、あらためて告白をしようとする勢いあるすずめを、偶然ながら、馬村が倒れながら〝キャッチ〟してみせる、包容してみせるような印象さえ感じられる。逆キュンもふくめて、他作品ではあまり観たことのない、その〝異型〟の胸キュン構図が、新鮮な刺激を醸しだしている。日常では起こりえない体勢だけでも十分キュンだが、その体勢のままに告白劇が進むという展開が、状況などお構いなしで《全力感》をさらに増幅させる。

かといって、この《床ドン》が決して突飛で不自然に映らないのが、ここでは重要。それは、この場面この体勢が、一連の《全力疾走》の延長線上にあるために他ならない。④や⑥、またここへ至るまでの⑦が、相手への想いゆえに生まれた渾身の〈走る＝運動〉だったとすれば、この最後の最後で現出しているのは、我をも忘れた、持続する〈停止〉とでも言うべきもの。ひたすら想いを伝えることに集中しているすずめと、それを聞く馬村には、「床ドンの体勢」を楽な姿勢に戻そうといった余裕や隙などは全くない。合宿所への《全力疾走》、それだけでなく、その前にあった走りもふくめて、それらのエネルギーの集大成として「好き」を伝えている。その《全力》さと集中力が、〝言葉〟だけでなく、むしろ両膝・両手で自分の体重を支える《床ドン》をしたまま、その体勢を保持しながら〝身体〟全体で実践されている。だからこそ、豪快かつ迫力ある告白なのだ。すずめの「馬村のことばかり考えるんだよ」という想いは、心からのもの。でもその心情を伝えるために、（偶発的ながら）すずめは〝身〟を張っている。その《全力》な体当たり感――実際には床ドン状態で相手の身体にふれるかふれないかというギリギリで、体当たり寸前という絶妙さもあい混じりながら――と、その説得力に、視聴者は釘づけになるしかないのだ。

筋肉で応えるハッピーエンド

そして告白に「もう一回言って」という馬村に応えて、すずめが「好き」と言った途端、彼の側からするキスが、クライマックスをさらに引き立てる。それまで寝そべって彼女を見上げて言葉を聞いていた馬村が、両手をそっと優しく彼女の背中に回して、ぐっと上半身から首だけを彼女のほうへ、つまり上へ起こしてキスをする。そのとき馬村の身体は、小刻みに震えている。上から被さる彼女を優しく手で包みながら、つまり両手が体勢の拠り所にならないなか、上半身と首を持ち上げてキスするのは相当に苦しい体運びで、腹筋と体幹を使わなければできない。つまり一見簡単そうにみえるが、そのキスをするためには、〝全身の筋肉〟をフル稼働させなければならないのだ。それが、ここまで《全力》で走り、アクションをしてきたすずめのゴール。そんな彼女を待っているのは、単なるキスではない。馬村がみせるのは《重力に反するリアクション》という、彼女の《全力さ》に相応する〝身体〟全体を使った返事。それによって、晴れて彼女は最後の幸せへ辿りつくのだ。

　ラストですずめが発する「好き」は、ただ馬村の心に届くというより、馬村の「キス」する身体と正面衝突するからこその醍醐味というべきだ。そうでなければならない。なぜなら、「好き」にこめられた彼女のありったけの気持ちは、〝言葉〟というより〝肉体〟表現の最後のかたちであり、結晶だからだ。ここまで映画が描いてきた、時にゆれ、時にまっすぐな彼女の恋心と、それを伝達する《全力》の肉体使い。それが凝縮したのが、最後の「好き」に他ならない。キスのあとで「俺も」というフレーズは付されるものの、あくまで彼女のそんな想いが、馬村の《肉体をフルに使ったキス》によって報われるから、絶大なキュンなのだ。

すずめ「すき」⇕「キス」馬村

ラストに置かれたこの鮮やかな対照は、すずめも、馬村も、ともに《全力》の恋心を〝肉体〟を通じて伝えようとする。その最後のぶつかり合いとして、ビビッドに心に刺さってくる。劇的で力強く、それでいて若々しいエネルギッシュに満ちたラストシーンだ。

この作品は、「自分の気持ちをちゃんと伝える」の「ちゃんと」を表現するために、〝肉体〟を活かしたアクションと展開を貫いている。そして、劇中には数々の定番の胸キュンシーンを散りばめながらも、ラストとそこへ至る《全力＝身体でぶつかっていく》スタイルが、手応えあるキュンをもたらす。「これぞ青春！」と叫びたくなるような読後感にあふれた傑作である。

03 弱き者のキュン、〝あすなろ抱き〟の秘儀

──『あすなろ白書』

あらすじ

『あすなろ白書』（1993・フジテレビ系）……大学生活を舞台にしたサークルの男女5人の青春群像劇。朗らかな性格の園田なるみ（石田ひかり）は、掛居保（筒井道隆）に想いを寄せる。そんな彼女を一途に想う取手治（木村拓哉）、掛居へ同性として恋心を向ける松岡純一郎（西島秀俊）、そんな彼が好きな東山星香（鈴木杏樹）。その恋模様が、友情を絡めて描かれる。

#バックハグ　#ギャップ萌え

《あすなろ抱き》は脇役アクションだった！

「俺じゃダメか?」

シンプルで短いけれど、一瞬にして痛烈に胸をキュンと捉えるような台詞。

これがあるのは、恋愛ドラマ史においても、伝説的に語り継がれている『あすなろ白書』の名シーン。取手（木村拓哉）が、ヒロインのなるみ（石田ひかり）を背後から抱きし

める、通称《あすなろ抱き》のシーンである。30年も前の作品になるが、いま見返しても衰えないキュンが詰まっていて胸が躍る。アクションとしては、現代でいうところの「バックハグ」に相当する。それが当時のドラマでもなかったわけでは決してないが、その描き方・作り方には特有のインパクトがあった。放送直後から湧き上がった視聴者の反応の声にあわせるように、各雑誌メディアも特集記事を組むなどして、社会現象を巻き起こした。

あらかじめ現在の若い読者（視聴者）に向けて、少し補足しておくと、このときキムタクはまだ、**アイドルとしても役者としても、今ほど大衆に十分認知されているわけではなかった。**この作品とシーンで一気に注目が集まって、ブレークに火をつけたといってよい。その点で《あすなろ抱き》の場面だけ見たことがある、あるいはその言葉だけを聞いたことがあるという人のなかには、アクションをする取手、つまり木村拓哉が主演だとイメージしているかもしれないが、そうではない。《あすなろ抱き》をする取手は、物語のなかでは脇役で、それも三枚目的なポジション。しかも、物語のクライマックスやピークといった、これが一番の見せ場という場面でもない。全11回の第2話という物語全体からすればかなり序盤、しかも2話のなかでも劇の途中で、決してその回の象徴という感じでもなかったはずだ（結果的に主人公がみせるストーリーや身振りよりも鮮烈になったわけだが）。

　そうであるにも関わらず、女性層を中心とする視聴者のハートを鷲づかみにしたのには、単なるバックハグではない、それとは異なる《あすなろ抱き》特有のキュンの理由と特質があるからだ。

平凡な青年の《弱さ》という土台

　この作品後、キムタクは多くの月9や恋愛作品で好演を果たしていくが、現在沁みついたドラマのなかのキムタクの特徴——情熱や純心を備えながらも、どこかで〝オラオラ〟的な男らしい《強さ》もあるキャラ（作り）のイメージ——とは真逆なのが、取手だった。今《あすなろ抱き》の場面だけを、前後の文脈やストーリーを抜きに鑑賞しても、刺激的な台詞とアクションで十分に視聴者の「言われてみたい」「されてみたい」願望を引きだしてインパクトがある。

　だが最大のポイントは、《あすなろ抱き》が現代の胸キュン定番の、いわゆる〝俺様〟キャラ——どこか上から目線で、自信たっぷりに、軽やかなさまでもって、強引に自分の側へ相手を引きつける——によるものではなかった、むしろそれとは逆だったことにある。取手は、どこか臆病さを感じさせる青年像。キラキラして見えてカッコいいだけとは趣きが異なる、〝人間的な情緒〟を存分にはらんだ存在として目立った。先回りしていえば、《あすなろ抱き》は、余裕や自信があって自分本位に行うアクションでは全くない。たしかに突然抱きしめて告白する点で、〝不意打ち〟の驚きと大胆さも持っている。だが、**あくまで核をなしているのは、取手が《弱さ》を抱えていること。**言葉をかえれば、ごく《一般的な若者》であることの結晶として、そのアクションとシーンは成立していたのだ。それを具体的に確認してみたい。

一つ目はギャップだ。現代的な言い方なら〝ギャップ萌え〟だ。そのテンプレートのように、《弱さ》を抱えた取手が強引なバックハグをする。そこがポイントである。アクションを起こす取手くんは、王子様的な振る舞いも特別感じさせなければ、オラオラ感ということもない。トレードマークは〝黒ぶちのメガネ〟で、純朴感が強くただよう。自分のことを「俺」と呼ぶが、むしろ雰囲気としては「ボク」と言っていそうなぐらいだ（草食系男子とは違うが、そうしたキャラ文化を通過してきた現在の視点からすると、いっそう強く

〝純朴キャラ〟に見えてくる）。大学生という若さゆえのノリはあるものの、ヒロインが想いをよせる主人公格の掛居のように、女性にうわついた感じもあまりなく、一途になるみへ想いを捧げていく。そんな芯に生真面目さを持った彼が、傷心する彼女に「男」をみせるように大胆に抱きつく。その動作には、思い切って〝勇気〟を出した感じが溢れている。そこにキュンとする。

それは、ハグする直前の様子にも表れている。なるみが、掛居のことが「好き、でも諦めた」「掛居くん彼女いるんだよ、参った参った、彼女いるんだ／あれ？　やだな」と、涙を両手でぬぐう。その背中をみて取手はアクションに移るのだが、そのほんの数秒間に、目を左右に小刻みに動かし躊躇する心の揺れがくっきりと見える。**ただ感情の赴くまま、自分本位の唐突ぶりではなく、相手を想った〝最大限の優しさと配慮〟が基底にある。**その上で、誰もが恋の局面で相手へ接（近）するときに経験する、一瞬の〝迷い〟や〝不安〟といったものを、彼も同じようにグッと感じ抱えているのがリアル。それがあっての、大胆不敵な《あすなろ抱き》だから力を持つのだ。

あるいは同シーンの前にある、取手が「掛居が好きか？」と単刀直入に聞いて、なるみの「好き」の返答に、「やっぱな」と返す箇所。「ははっ」と作り笑いをするが、そこにも諦めの影が感じられる。彼女の気持ちを探り探り窺う慎重さと、別の男性を想う清い気持ちに無造作に入り込むのを許さない、彼の人柄の良さが滲んでみえる。《あすなろ抱き》に至る前にあるのも、「男」ではなく、人並みに恋に傷つくのが怖く、自分の想いを伝えるのも容易ではない「男子」の姿といっていい。今風にいえば「草食系」の好青年な見た目。内面も、誰にもある一般的な《臆病さ》を備えた優男。そんな彼が、意を決したように思い切ったアクションに出る。その振り切った反動具合が、シーンの盛り上がりを作り、視聴者の心を強くつかむのだ。

シーン最中にも〝弱さ〟は潜んでいた

人気を博した決め台詞「俺じゃダメか？」も、いま一度、見返してほしい。意味的には、掛居ではなく「自分を選んで」というメッセージで、それはじつに刺激的である。でも例えば、「俺がいるじゃないか」とか「俺にしろよ」といった、ことさら強い表現になっていない点も見逃したくない。その言い方には微妙なニュアンスがふくまれているのだ。台詞のワンフレーズだけが一人歩きして広まっている感があるが、実際の台詞はこう続いている。

「俺じゃダメか？」

「なぁ、俺じゃダメなのか？」

「好きだ」

この間も、彼女を抱きしめて台詞を吐きながらも、どんな言葉や反応が返ってくるか。緊張とともに、どこか恐るおそる様子見しているのが、彼の表情からはありありと伝わってくる。彼はこの台詞でも〝自信〟たっぷりなわけではない。「ダメか？」という問いかけは、相手の意向を聞く謙譲的な〝おたずね〟をする表現だ。それを二度も反復して重ねる言い回しからは、相手に迫りつつも、やはり彼の中の「臆病さ」、大胆に抱きついても多少残る「控えめさ」を感じさせる。すなわち、**《あすなろ抱き》の台詞は、好きな女性を強引に奪おうとしたり、自分へふり向かせようとするような、〈俺についてこい〉系の押しでは全くない。あくまで自己の不安と闘いながら、勇気をふり絞ったもので、それは「告白」というよりは「恋人への立候補宣言」というのが正確なのだ。**もちろんそこへ至る行動力には男気がある。だが、場面を通じてトータルでじんわり、ひしひしと伝わってくるのは、取手の不器用さや繊細さの側面のほう。《強い男》ではなく《弱い人間》がみせる告白劇なのだ。

作品放送時の90年代前半は、まだ平成に入ったばかり。「強い男が弱い女」をリードするという、昭和的な古き恋愛のスタンダードからまだそう遠くない時代性、その辺とも絶妙に相まって、古き恋愛価値観へ拮抗するような《ちょっと弱くもあるけど、それを踏み越えて》ヒロインを守ろうとするヒーロー像を、取手くんは担った。そんな彼が、バックハグではあるけれど、決してドキドキや刺激だけが前面ではない《あすなろ抱き》を鮮烈な印象と質感で届けた。だからこそ、衝撃が大きかったのだ。

シーンに隠れた小さなキュン

こうした観点を意識してシーンを見返すと、その身振り（演技）の細部にあるキュンにも気づいてくる。取手の抱きしめ方は、かなりがっちりとした抱擁。抱きつくときのスピード感のせいもあって、ハグの具合は一見すると強くみえる。でも、ただ相手を〝ギュッと〟しているのではない。その手元に目をやると、ハグの体勢になったあとは、左手で自分の「もう一方の右手の肘」を小刻みに強くつかむ仕草を、何度かしているのが目に止まる。己自身を力をこめてつかむように、だ。それは、震える自分を抑えて鼓舞するようで、もっと彼女を強く抱きしめたい、でもそれができない〝歯がゆさ〟のようにも見えるのがポイントだ。

《あすなろ抱き》が、時折バラエティなどで紹介・再現をされるとき、ガッと強く抱きしめる部分にばかり重点が向けられているのを目にする。でもそれは違う。彼はあくまで、彼女には圧をかけすぎず〝ソフト〟に包みこんでいる。それでも彼の想いは余って、それが「自分自身の肘」をつかむ力になって現れるのだ。相手にはソフトに、でも己には強くだ。

とはいえ、彼女が動けないギリギリの密着度である。バックハグの特質の一つは、君を「離さない」という意思を、動作で体現できることにある。そしてもう一つは、互いの顔がみえない体勢になり、それが暫し続くということだ。それにより、表情がみえないなか、肩越しの〝言葉〟のほうへ集中が傾く。特にハグをされる側は、相手の口元が耳に限りなく接近することで、その声も、特別な色を帯びる。日常生活で優位になっている**〈視覚性から聴覚性へ〉＝〈目から耳へ〉、感覚の比重を変えたコミュニケーションになるのだ。**

その点で見逃せないのは、取手が行動を起こす直接的なきっかけ。それは、掛居のことを諦めたと言ったなるみが泣きだして、その涙を彼女が一生懸命ごまかそうとして会話に詰まったことだった。それを見て、いや見ていられなくて、彼は背後から抱きつく行動に出る。その意味では、ここには「彼女をふり向かせまい」とする意思、つまり本人が「見せたくない泣き顔を見せずに済ませたい」側面もふくんでいて、その隠れた優しさも胸を打つのだ。

取手の視点でさらに付け加えれば、互いの表情が見えないからこそ、〝気まずさ〟や〝恥ずかしさ〟などを振り捨てて、最後の決定的な「好きだ」という一言を絞りだすことができた。そうとも取れる。バックハグ自体は衝動的で直感的だったとしても、結果、その行為と体勢によって、彼の告白を可能にする強さが獲得された。取手が、短いシーンのなかで、どこまでどうこの辺りを意識していたかはわからない。でも《あすなろ抱き》から読み取れるこうした彼の一面は、彼が性格的に持ち合わせる《弱さ》に照らすと、何とも趣深く、実際に視聴者が受け取るインパクトや感銘にも深く影響しているように思われる。

〝反転〟するアクションと台詞

そして、これは特に再鑑賞して深く見直す人には、ぜひ着目してほしい部分なのだが、《あすなろ抱き》は単純な〝唐突さ〟によるキュンではない深みを持って描かれている。舞台となる公園に至る前にも目を向けたい。《あすなろ抱き》をくり出す公園まで、取手は、飲み過ぎたなるみを「おんぶ」して、会話しながら歩いてくる。これはじつに象徴的で、シーン作りとしても見逃せない重要な骨組みの一つである。「おんぶ」は自らの意思で行うハグとは別物ではあるが、体勢的また映像的には、バックハグのようでもある。取手は、背後から彼女に抱きつかれ／なるみは彼に抱きつく。そうした「おんぶ」の体勢でやってくる。ここを踏まえると、《あすなろ抱き》が、それを反転したような構図で出来上がっているのが見えてくるだろう。

そのとき、取手に身を任せて手を回すなるみは、彼が自分に好意を寄せていることを全く知らない。なので、その接触や状況には、何の感情も抱いていない。酔い過ぎて迷惑をかけていることを気遣うくらいだ。他方、片想いをしている取手は、その「おんぶ」に嬉しさを少なからず感じている。だが、それはあくまで友達として。**その関係性をひっくり返すように「ハグをする／される」ポジションを入れ替え、《あすなろ抱き》は行われ**

る。そうした劇運びの観点でも、インパクトが大きいのだ。

あえて「おんぶ」に光をあてるのは、あすなろ抱きの直前の会話に、こういうやりとりもあるからだ。

「不思議、私取手くんといると全然緊張しない。何だって言えちゃう」

「そう？」

「うん、肩の力がすーっと抜けていく感じ」

お気づきだと思うが、この何気ないやりとりにも「おんぶ」のモチーフは引き継がれ、混じっている。先の「おんぶ」同様に、この台詞も鮮やかに反転することになる。この数十秒後の《あすなろ抱き》で、彼女の「肩」には取手が覆いかぶさるように抱きつく。「肩の力がすーっと抜けて」リラックスした状態とは逆に、彼女の肩には彼の体重と感触がかかり、その驚きと緊張で彼女は動けず固まってしまう。そしてもう一つ。彼は言えずにいた「好き」を告げる。彼のことを〝特別な存在〟と感じず「全然緊張しない」で、何でも話せる友人。そうした彼が酷で辛く感じている、彼女から抱かれている意識・見方を、

《あすなろ抱き》は鮮烈にひっくり返す。こうしたスリリングさも併せ持っているのだ。

そしてさらに見逃せないのが、《あすなろ抱き》の前には〝間接キス〟が置かれていることだ。彼女のおんぶに疲れた取手は「休憩していい？」と言って、彼女に「何か飲む？」とたずねる。彼女はそれを断って「取手くんのちょっと頂戴」と返す。そして、ぶらんこを漕ぎながら二人は缶ジュースを共有する。相手の恋心を知らないまま／伝わっていないなかでの〝間接キス〟。これほど、切ないものはない。文化や価値観も変わって、現代の作品ではそう多く見られないが、当時はいまに比べると〝間接キス〟が描かれることは珍しくなかった。古臭さはあるが、でも、逆にいま見ると新鮮なキュンを感じなくもない。そして、それを土台に据えて、このあとの《あすなろ抱き》がある。だからこそ、刺激だけではなく、しんみりじんわりした抒情性が醸しだされるのだ。しかもここでの追加ポイントは、その飲み物が『はちみつレモン』であることだ（台詞にはないが、はっきりわかる）。当時人気でポピュラーだった清涼飲料で、その名の通り〝甘くて酸っぱい〟。つまり〈青春と恋のイメージ〉を象徴するような味。それを分け合っているというのも、二人の恋模様を高める心憎い作りなのだ。

「おんぶ→間接キス→肩の力が抜ける会話」この流れのなかで、ひたすら取手は片想いを胸に携え、好意を募らせているが、なるみからは「取手くんはいい友人」という刻印を押され続けるばかり。優しく正直で、臆病さも持った彼が押し殺して秘めた想い。それが、前に置かれたアクションや台詞もろもろを絡めて、一気に「友人から恋人候補」へ向かって《あすなろ抱き》で転回＝展開させるようにして噴出する。それが奥深くて妙なのだ。本当は好きだけど、相手には他に好きな人がいる、しかも自分の気持ちには気づいていない。**一つひとつの場面や言葉を何気なくやり過ごしながらも、彼のなかに渦巻くモヤモヤが「俺だってなるみのことが好きなんだ」「ここにも男はいるぞ」という爆発として、《あすなろ抱き》は立ち現れる。**その作り込まれた流れも絶品で、その場のシーンだけではない、色々なものを積み重ね、溜めにためて立ち上がるアクションだからこそ、比類ない反応を呼べたのだといえる。

ちなみに、この回のラストは、なるみと掛居が接近して心を通わす場面で、着ているポロシャツを彼が彼女に「羽織らせる」、つまり背後から肩越しにかけてやる仕草が、印象的に描かれる。「おんぶ」「肩の力」が抜ける会話、そして《あすなろ抱き》からつながる光景だ。シーンの前だけでなく、そのあと、その回の終わりまで、巧妙に意図され計算された作りになっている。

アクションは永遠に……

《あすなろ抱き》をしたあと、そのあくる日には、取手は見事なまであっさりと振られてしまう。取手は、昨日のことは「酔っぱらった勢い」だったと、いったん誤魔化すものの、想いに逆らえず、あらためてこう告白をする。

「やっぱり聞くわ。その前にはっきり言っておく。たぶん、もう生涯言わないだろうから。俺さ、なるみが好きだ。……以上。で、なるみの気持ちは？」

「私、取手くんとはつき合えない」

昨夜の言動で十分気持ちは伝わっている。それでも、彼は互いにしらふのときに、正面切って想いを再度言葉にし、はっきり答えを求める。なんと誠実な姿だろう。彼女の断りの返事にも、彼は哀しみの欠片もみせず、それどころか「掛居に言えよ、気持ちちゃんと伝えろよ」と彼女の背中を押してみせる。そして「俺たちいままで通り、友達だから」と笑顔で握手を交わすのだ。その紳士ぶりを前に、なぜ取手ではダメなのか（取手にすればいいのに）……。《あすなろ抱き》の台詞のように「取手くんじゃダメか？」という想いが、視聴者に強く湧き起こってくる。

取手の恋人への立候補劇は、あっという間に終わりを迎える（その後も、彼女へ一途な想いを寄せ続けるのだが）。そのあっけないまでの振られて恋合戦から退場する速さ。失恋場面からひしひしと伝わる人柄の良さと相まって、あの夜「プライドを捨てて、心の平静をなくして、それでも手にいれたい恋」のため、〝弱さ〟を乗り越え勇気をだして行った《あすなろ抱き》は、**かけがえのないたった一度の勝負として（ここでの告白もそうなら、その状況を作ったあのあすなろ抱きも生涯一度だ）、ぼくらの心に深く刻まれ、伝説となった。**〝弱き一人の青年〟の、それゆえに苛烈な短い恋の戦いの一幕として、視聴者は永遠にキュンを感じ続ける。

04

恋する二人の〝芸術学〟、肉体と音楽と
——『ブザー・ビート〜崖っぷちのヒーロー〜』

あらすじ

『ブザー・ビート〜崖っぷちのヒーロー〜』（2009・フジテレビ系）……試合の肝心な場面で弱さの出るプロバスケ選手・上矢直輝（山下智久）と、ひたむきにプロを目指すバイオリニスト・白河莉子（北川景子）。互いの夢を応援し合う友情が、次第に恋へ変わってゆく。その発展をそれぞれの恋人との関係を絡め、切なくもドラマティックに描く。

#ラブシーンの構造美

#感性のミックス

《芸術的》な肉体表象

『ブザー・ビート』といえば、やはり最終回のクライマックスが脳裏に焼きついて離れない。バスケットボールの優勝戦、終了ブザーの間際、主人公・直輝が遠くから放つシュートがゴールネットをゆらしての逆転勝利は、それだけでも身震いする興奮と感動をもたらす。月9ラブストーリーのなかでも屈指の名シーンを数々届けたこの作品。

それを支えたのは、直輝の劇的で華麗な〝スポーツアクション〟と、莉子の〝音楽的な美的感性〟の絶妙な組み合わせであった。**お互いの得意分野が交錯し融合するように作**

られるラブシーンが、心に刺さるキュンをもたらした。そこでキーワードとなるのは《構図》だ。

二人が莉子の住むマンション脇の小さな公園で、初めて会話をする場面。その前にすれ違って出逢ってはいるものの、実質的な接触とやりとりはここが初めて。そこで直輝は彼女のバイオリン演奏に拍手を送り、莉子もまた彼のシュート練習を拍手で褒める。華麗なドリブル姿、ゴールネットをゆらす爽快なシュート。その姿が何ともカッコいい。だが彼女が反応するのは、厳密にはそこではない。

「すごく綺麗！すごくうまいんですね。綺麗なフォームで、綺麗なリズムで。私、男の人を見て綺麗だと思ったの初めて！」

彼のバスケ姿が「感動的に綺麗」であること、その《美しさ》に莉子は魅了されるのだ。この段階では、あくまで莉子の感覚と印象に過ぎないが、劇が進んでいく要所要所で二人が作る光景は、ドキドキや興奮をこえて《芸術》的なまでに美しい図をみせる。恋の行方にあわせて、視聴者もそのつくりに虜になるのだ。

その代表例の一つが、第5話である。直輝が恋人に浮気をされて別れた直後。電話越しに莉子の披露するバイオリン演奏を聴きながら、悲しみと悔しさで涙がこみ上げてくる。その様子を莉子は心配するが、直輝は充電がないとごまかして電話を切ってしまう。

その翌朝、心配でたまらない莉子は、一晩かけて彼のいる遠方の合宿先の体育館まで駆けつける。急いで走ってきたため、力尽きて座り込む彼女に、直輝はしゃがんで「泣いてねぇし」とうそぶく。彼女が「泣いてたし」と返す。

泣いていたことを認めない強がる直輝と、心配の余り勝手に来た莉子。気まずい空気が流れた後、膝を立てて身体を起こす彼女を、彼も膝をつきながら正面から抱きしめる。ここまでであれば、膝立ちという体勢はやや特殊ではあるけれど、よくあるハグの一つ。

見所はこのあと。「ごめん」と直輝が言って、身体を離したときの構図の鮮やかさだ。二人が〝膝立ちの姿勢〟で対峙するかたちになる。床につけた膝を支点にして、互いに九十度身体を曲げて「L（エル）」の字で向かい合うかたちになって、見事なまでの

《完全な左右対称《シンメトリー》》を作るのだ。

その様子がまるで〝絵画〟のようで、時が止まったような錯覚にさえ陥る。二つの肉体が、ギリギリ限界の至近距離で、ごく僅かな隙間を作りながら、均整を保って硬直する姿は「近づたいけれど近づいてはいけない」「友人関係に踏みとどまろう」とする、互いの心境を視覚的に表現しているようで、釘づけになる。

期せずして、ここまで《完璧な様式美》を織りなす二人は、お似合いや似た者同士といったレベルをこえて、もはや〝運命的〟と言うしかない感覚を視聴者に強くもたらす。

そして直輝が立ち上がろうとすると、突然ハグしたことを謝った直輝に莉子が「ううん、大丈夫」と言って、すがるように逆に抱きつき「もう少しこのままでいさせて」と強く抱擁しあう。

ここで主題歌が流れる。物語のなかで〝恋愛が動きますよ〟という箇所では決まって、主題歌が二人のドキドキを補強し伝えるようにして、絶妙なタイミングで流れるのが、この作品の醍醐味の一つ。例にもれずここでも、ハグから身体を離した間は一時的に止まっていたB'zの主題歌『イチブトゼンブ』が、莉子から抱きつく瞬間に激しく再開しだす。

その激しいサウンドが演出する刺激も大きいが、ここでの肝はやはり、さっきまで二人が造形していた《完璧なまでの美しい構図》を一気に崩し、心も体もなだれ込む勢いでの抱擁ぶりである。二人の愛情のほとばしり、湧き起こる感情のコントロール制御の不能が、《美しい肉体図》の崩壊を通して、音楽とともに激しく表現されている。それが、強く視聴者の心を捉える。

《切なさを極めた美の構築》から《刺激的な愛の破調》へ。**恋は美しくもある一方で、理性では抑えられない荒々しさもある。**後者の「感情の爆発」こそが、このシーンとこのラブストーリーの力である。それを、アクションや心情の動きだけでみせるのではなく、精巧に計算された《視覚構図》と展開でもって、芸術的にも見せるのが、この作品の真骨頂だ。

このシーンは回をまたいで、第6話の冒頭へ続くが、そこでも視覚的効果が映える作りになっている。ハグの勢いで二人が倒れこんでしまう。我に返るように体を離して、照れ臭そうに会話をする。そのとき、二人が鮮やかにシンクロする形で「あぐら」をかくのだ。

ここまでの直輝の〝不意のハグ〟から始まって〝馬乗り〟になるまで。一連の出来事はなりゆきの流れで、それを何でもなかったかのような素振りをする二人。だが映像が、その心の奥を鮮やかに代弁してみせる。

《対称的》な〝対座〟から、《相同的》な〝並び〟へ。その変化のなかに、互いの〝想い〟が通じ合ったこと、同じ気持ちの二人であることが、構図を通じて暗示的に浮かび上がる。見つめ合いハグをし合い、倒れ込み身体が重なった緊張から解き放たれた二人だが、その何でもない事後のシーン最後まで、芸術的な表象は徹底されていて、惹きつけるのだ。

ハグがみせる構図

こうした二人が作る美しい《恋の構図》が最高潮に達するのが、第8話の莉子の誕生日シーン。もちろん二人が交わす熱いキスも情熱的で魅せるが、その途中に、いったんキスをやめ、見つめ合って、互いの額《ひたい》と鼻頭を寄せあう「デコピタ＋鼻ピタ」を挟むのがポイント。その二人の輪郭で生み出されるのも、綺麗な《シンメトリー》シルエットである。

そしてその後のシーン。莉子の腕を直輝が引き寄せ、腕枕をするかたちで向かい合ってベッドに横たわる二人もまた美しい。そこから彼が、寝そべったまま愛おしそうに莉子をバックハグする。しかしキュンとなるのは、そのアクション自体ではない。

そのさまをカメラがズームアウトして捉えてゆくのだが、二人が膝を少し折り曲げて、脚を同じ「く」の字の体勢で密着する光景が、また芸術的なのだ。直輝の独白はこうだ。

「何だろう、とても不思議な感覚だ。ドリブルするボールが手に吸いつくような、引き寄せられるような柔らかい安心感。それが気持ちよくて、俺は1ミリも隙間がなくなるぐらい、彼女を強く抱きしめた」

抱きつく上半身だけでなく、腰から下の下半身も、ぴったり相手と同じ《型》となる感じで寄り添う。ここに至って、**二人は向かい合うシンメトリーも、また並列したシンクロもこえて、完全に《一体》となる感じだ。**

このシーンだけを見ると何気ない恋人同士の抱擁に見えるだろうが、これまでの二人の《構図》を目撃してきた視聴者にとっては、芸術的なステップアップから感じる、恋の進展ぶりとそのキュン具合はひとしおだ。直輝本人の、バスケで味わう特有の感触も巻き込んで、それを芸術的に昇華するように、莉子の肉体と愛情を噛み締めているさまが、何とも生々しくも美しい。

寝そべってのバックハグは大きな動きも派手さもない。でもここまでの展開もふくめ、二つの肉体の「隙間がなくなる」までの美的な《一体化》は、凄まじい力強さと躍動感を備えて、そこにある愛を伝えて圧巻である。

ちなみにこのシーンでは、ハグの前、二人が見つめ合って交わす次の会話も外せない。

胸キュン鉄板の〝名前呼び〟をするところだ。

「莉子！　とか呼んでみた」

「じゃあ、直輝！　とか呼んでみた」

互いを下の名前で呼び合う。それはよくよく考えてみれば、特別な例をのぞけば、多くの場合は名前は異なるのが一般的なので、その呼び合いは〝非対称《アシンメトリー》〟になる。それをここでは「とか呼んでみた」という、照れたじゃれ合い風に、名前を〝同じ型〟に容れてみせている。恋人同士の真似っこのような戯れといえばそうだが、これが鮮烈なキュンを与えて印象深いのは、〝言葉のひびき〟で一致し呼応しているからだ。

つまり名前自体は全く違うが、その呼び方の〝音〟を通じて《シンメトリック》さを感じさせる。この美しさも決して偶然ではなく、バイオリニストである莉子の〝音楽的感性〟がもとになっていると言ってよい。その辺りをもう少しみてみよう。

音楽としての構造美

ここまでは、目で見える〝肉体〟が作ってみせた芸術性、つまりスポーツ選手である直輝の感性に拠った部分でみてきたが、莉子の〝音楽〟面での感覚と美意識も、物語の要所には活きている。その観点から話を戻して、体育館のハグシーンを捉え返してみるとどうだろう。

二人のアクションは〈低位置での沈黙→直輝からのハグ→離れる（膝立ちでの沈黙）→莉子からのハグ→離れる〉という流れで、**〝静〟と〝動〟のふり幅を効かせた《テンポ感》が冴えていることに気づく。**それが、観る側の心を豪快に揺さぶり惹きつける。

しかもこの《テンポ》という音楽に欠かせないモチーフは、この場面のみのものではない。莉子は、直輝のドリブルボールを「ドの音」など音程で聞き分けたり、彼の練習を「聴いていると元気が出る」といった具合で、《音楽》のように耳で楽曲のように味わう場面が、所々で強調されている。体育館でのハグも後日、次のような言葉で友人に語られる。

「相手の方からフッと来て、だから自分も思わずガッと行って、そうすると胸の音がドキドキドキドキッて聞こえてきたから、もっとよく聴きたいなと思って、グッと近寄ったら、こうバタッとなってしまって（中略）それでピピピピッとなって目覚ましが、それで我に返って……」

莉子にとっては、恋愛アクションとその出来事は、自然に「擬音」として脳内変換される。その一コマ一コマは、テンポとリズムも含めた〝サウンド〟的に感受されている。つまり彼女にとって、直輝との恋、そこで起きる胸キュンの多くは《華麗で美しい音楽》のように存在しているのだ。

それが効果的に働いて強烈なキュンを生んでいるのが、先にもみた第7話の莉子の誕生日シーン。キスよりも手前、そこに至るまでのシーン構成に注目したい。『ブザー・ビート』といえば、この場面というぐらい印象深いシーンの一つ。互いに惹かれ合いながらも、うまく友情を越えられない二人。

そんななか「もう俺ら会わない方がいい」という直輝の言葉で莉子が傷つき、喧嘩をしてから数日後。誕生祝いの電話をする直輝は、じつは彼女の家のすぐ下の小さな公園にいる。それを知った彼女は、彼に向かって、マンションの窓辺から涙ながらに大声で懇願する。

「もう二度とキスしたりしない！人指し指で触ったりもしない！馴れ馴れしくもしない！ほっぺも叩かない！絶対に半径5メートル以内に近寄らないようにするから！だから、だから、もう会わないなんて言わないで！」

先日の喧嘩で、彼に冷たくされた淋しさと辛さが、好きな気持ちと混ざりあって、洪水のようにとめどなく溢れだす。その莉子の様子をみて、下にいる直輝も次第に瞳を潤ませ、押し留めていた気持ちが限界を迎えて、せきを切ったように彼女のもと（部屋）へ走りだす（ここでもタイミングばっちりに）。

その瞬間に流れだす『イチブトゼンブ』の激しく刻むビートと、それに共鳴して伝わってくる直輝の胸の高鳴り。そのドキドキ感の見事なマッチングは、誰もが認める秀逸さで、作品の中でも一、二を争う力強いキュンを与えてくる。

一心不乱に駆け上がるマンションの階段（この部分、若干スローで演出されているが、駆け足のテンポが主題歌のリズムにあうように調整されている感じも巧い）、そして玄関ドアを開けようとするも施錠されていて開かず、思い切り引っ張った取っ手の金属音を轟かせて、続けざまに「ドンドンドンドン」と激しいドアノックをする。

ここで重要なのは、映像がしっかりインターフォンを映していること。すぐそこに呼び鈴があるにもかかわらず、その存在さえ忘れる無我夢中ぶりが、胸を突く。そして内側から彼女がドアを開けると、二人の顔は超接近して目の前にある……。

この「ドアを叩く音」は、直輝の早く彼女に会いたい・抱きしめてあげたい、そんな強烈な心情の現れに他ならない。だがそれだけではない。これは、視聴者にとっては、**主題**

歌の音楽の一部として鳴っていたと同時に、直輝が奏で／莉子の耳にひびく二人の《恋の音楽》というべきものなのだ。

思い返せば、彼からかかってきた電話に、会えないならせめて誕生祝いに「バスケットボールのトントンッて音が聴きたい」と莉子が要求するところから、このシーンは始まっていた。彼女にとって、彼のバスケのドリブル音は、勇気と活力を与えてくれるサウンド。携帯越しにその音へ耳を澄ませていると、暫くして彼女が気づく。音は建物の外から、下にある公園のほうからも聴こえる。部屋で流していたクラシックCDを止めて窓を開けると「もう会わない」と言った彼が、近くにいるなど予想さえしていなかった彼が、真下にいる。そこから怒涛の劇（ドラマ）がスタートしていく。クラシックの可憐な旋律とメロディを止めるという点が、じつに象徴的だ。それは、直輝の「音楽」と場所を入れ替えるかのようだ。

直輝が最初に届けたのは、誕生日プレゼント代わりの優しくも切ない「トントン」というボール音。それがシーンが展開して、愛情を爆発させた「ドンドン」というドア音へ《変奏》されていく流れがしっかりある。

その視点でみると、「トントン」と「ドンドン」二つの音のちょうど中間に置かれた、直輝が走りだす瞬間、コンクリートに放り投げるバスケットボールの「ダン」という反響も、重要な音だ。それは、主題歌の特長でもある突然始まるイントロをより強力にひびかせる、助走のようにも聴こえる。

そして何より（主題歌の下に隠され、割愛されているが）彼が階段を上っていくパワフルな足音も、バスケシューズの摩擦音もふくめて（バスケシューズの「ザザッという音とかシュッという音」も彼女は好きという描写も劇中にある）、クレッシェンドしながら近づく音色と韻律として、《音楽》の一部のように莉子の耳には、鮮烈に届いている。

そしてその盛り上がりのピークは、直輝が部屋に土足であがって莉子を抱き寄せ、キスをするところ。以前の莉子の台詞にあったように、二人の「胸の音がドキドキッて鳴る」ところまでは視聴者には聴こえないが、でもたしかに鳴っている（し、聴覚の優れた彼女には実際聴こえているといっても間違いではない）。その場面にある二人の胸の鳴動が、説得力と現実感をもって感じられる。

それを可能にしているのは、電話シーンから部屋に走って駆けつけるまで「音（楽）の展開」が、しっかりと組まれてあるからに他ならない。莉子風に言い直せば、このシーンは「トントンって聴こえて、ガラガラと窓をあけて叫んだら、ボールをドンって手離し、タンタンキュッキュッと足音が近づいてきて、そしたら玄関ドアがガチャガチャドンドンドンッてなって、開けたら抱きしめられてドキドキして……」という感じになるはずだ。目でわかる「走る」「ハグ」「キス」といったアクションだけでなく、耳で感じられるような――実際そうでなくても聴覚的に訴える力を存分にもった――バスケット選手の直輝とバイオリニストの莉子が織りなす、生の《音楽演奏》のようにして、このシーンは作られている。

こうした芸術的な力があるからこそ、時を経ても、万人の胸にひびく名シーンたりえているのだ。**そしてそれは言うまでもなく、息を飲むようにシーンを見守る視聴者の〝胸の高鳴り〟にも重なっている。**それが、物語の渦中にいる、あるいは二人の烈しい恋愛劇に実際参加しているような、独特な臨場感を味わわせてくれて、絶大な興奮的キュンを作っているのだ。

恋は美しい。目に見えて、そして耳に聴こえて。そうした二人の《芸術的感性》で彩られているからこそ、どのラブシーンも名シーンとして記憶に残るのだ。

たった一つの声援の構図

こうしてみてくると、最終回のラストシーンも、美的構図ゆえのインパクトと効果があったと気づく。シリーズ優勝のかかった一戦、大事なフリーシュートの場面。土壇場でいつも力が発揮できない弱さを抱える直輝が、緊張しながらシュート準備に入るところ。第1話の練習試合と同じように（対になるように）、莉子が観客席から大声で叫ぶ。

「ちょっと！ そこの8番！（※直輝の背番号）ちゃんと来たから！ ちゃんとファン1号が応援に来たから！ ちゃんと勝ちなさいよ！ ばーか！」

選手も観客も、コート全体が緊張に包まれるシュート前。誰もが直輝に目を注ぐと同時に耳も澄ます。そこで突出して届くのは、莉子の言葉や声というよりも〝ひびき〟というべきだ。台詞を文字にしてみるとわかるように、彼女のエールはただ大声で懸命なだけでなく「ちゃんと」が韻を重ねるようにリフレインされて、しっかりリズミカルで音楽的である。莉子が放つのも、直輝が受け取るのも〝言葉〟だ。

そこに込められた愛情、ファン1号の莉子にしかできないエール、そしてそれを言うためわざわざ会場へ彼女が来てくれた事実が、彼を鼓舞して勇気づける。でもそのかたわら、言葉や内容をこえて、〝音楽〟のような力も伝わっているとも言えないだろうか。

彼女は大事な練習会場を抜け出し、バイオリンを置いて会場にやってきた。何も持っていない。でも〝声〟という楽器は持っている。それは、最も原初的な音が発生する場であり、音楽の源でもある。バイオリン演奏のように華麗ではない。むしろ直輝のスポーツする肉体使いと同じように、声帯と身体を激しく使って力強い。

その強くたくましく、それでいて韻律を備えた〝ひびき〟が、静まり返った会場中に轟くとき、物語がひたむきに描いてきた《肉体×音楽》をミックスした恋愛劇が最高潮を迎える。

そしてブザービートで勝利をおさめた直輝が、階段を駆け上って、観客席にいる莉子に駆け寄って「もう離さない」と熱いキスを交わす。その後にみせるのが、互いの額（ひたい）を押し当てる〝デコピタ〟。その二つの顔で作られるのは、美麗な《シンメトリー》。

互いにバスケット選手とバイオリニストの夢を、それぞれ手にした二人が「対等に独立」に、そして「強い自分」で向かい合って、愛を確認する象徴だ。ラストの最後まで、恋を《芸術的》に魅せることを物語は忘れない。二人の想いの深さも、運命ぶりも、そして成長も、すべて《美しい構図》で届ける。まさに圧倒的なキュンと見応えなのだ。

おわりに

人生は短い。そのなかで、何ができるだろう。

２０２０年に難しい〝病〟をした。手術をしたが不便が続く。世界の見え方は様変わりした。できないことも、行けない場所も増えた。弱さのかたまりのぼくは、泣きながら三年間を過ごしてきた。何かができない、どんなに頑張っても叶わない。その「不可能」は辛い。そんな想いで塞ぎそうになるとき、いつも思い出すのが、ドラマ『ＳＵＭＭＥＲ ＮＵＤＥ』の山下智久演じた主人公・三厨朝日だ。彼はいなくなった恋人をひたすら待つ。同じ部屋に住み、一緒に観ると約束したＤＶＤを延滞し続け……。当時、色んな感情や視点でこの作品に魅了されたが、そのときより朝日の心がわかる。彼は「不可能を可能に変える」なんて考えてない。不可能のなかに残された「僅かな可能」を大事に生きる。その一番が、消えた彼女が写る大きな看板への朝夕の挨拶だ。あのニコッと笑う笑顔が大好きだ。観るたび、救われる。それは彼女に逢うためではない。むしろ逢えないことを毎日確かめるためだ。それを自分に課した朝日が大好きだ。その弱くて、強い朝日が。その姿が、ずっとエールをくれた。朝日、三年は長いね。不可能に向き合った君を敬愛する。今もこれからも……。人生で一番大切なドラマが放送されて「10度目の夏」に——朝日に片想いを続けた波奈江の10年間の長さも実感しながら、この本を出せてよかった。

　講義の折、また卒業後も「本をぜひ」と言ってくれた皆の声、Ｔｗｉｔｔｅｒのフォロワーさんの励ましも力になった、ありがとう。この本の「構成」で全面協力をしてくれたエクリヲ編集部の高井くらら氏には、渾身の御礼を伝えます。そしていつも刺激をくれる若き親友・大槻龍之介氏、ヒントを折々くれた冨田千瑛氏もありがとう。

　そして10年前、ぼくの拙いドラマ考察をみつけ「日本で唯一のサマーヌード研究者」と名づけ、交信を続けてくれたプロデューサーの村瀬健氏にも、惜しみない感謝を伝えます。

　では、またどこかで。あの作品が入ってないじゃないか、あれが抜けているじゃないか。そんな反応をするあなたは、完全な胸キュン読者ですね。また意見を聞かせてね。

　ありったけの力で、惜しまず、胸キュンの本を書きました。短い人生で後悔しないためです。

　「人生は一度しかない」、そう大切な人が言っていました。

二〇二三年六月　柿谷浩一

作品一覧

『恋はつづくよどこまでも』（２０２０・１〜、ＴＢＳ系）

――【原】円城寺マキ【脚】金子ありさ【演】上白石萌音、佐藤健ほか

『５→９ 〜私に恋したお坊さん〜』（２０１５・１０〜、フジテレビ系）

――【原】相原実貴【脚】小山正太【演】石原さとみ、山下智久ほか

『失恋ショコラティエ』（２０１４・１〜、フジテレビ系）

――【原】水城せとな【脚】安達奈緒子【演】松本潤、石原さとみほか

『凪のお暇』（２０１９・７〜、ＴＢＳ系）

――【原】コナリミサト【脚】大島里美【演】黒木華、高橋一生ほか

『初めて恋をした日に読む話』（２０１９・１〜、ＴＢＳ系）

――【原】持田あき【脚】吉澤智子【演】深田恭子、永山絢斗、横浜流星、中村倫也ほか

『近キョリ恋愛』（2014・東宝映像事業部）

――【原】みきもと凜【監】熊澤尚人【演】山下智久、小松菜奈ほか

『中学聖日記』（2018・10〜、TBS系）

――【原】かわかみじゅんこ【脚】金子ありさ【演】有村架純、岡田健史

『L♡DK　ひとつ屋根の下、「スキ」がふたつ。』（2019・東映）

――【原】渡辺あゆ【監】川村泰祐【演】上白石萌音、杉野遥亮、横浜流星ほか

『おっさんずラブ』（2018・4〜、テレビ朝日系）

――【脚】徳尾浩司【演】田中圭、吉田鋼太郎、林遣都ほか

『消えた初恋』（2021・10〜、テレビ朝日系）

――【原】ひねくれ渡【脚】黒岩勉【演】道枝駿佑、目黒蓮ほか

『この恋あたためますか』（2020・10〜、TBS系）

――【脚】神森万里江、青塚美穂【演】森七菜、中村倫也ほか

『恋仲』（2015・7〜、フジテレビ系）

——【脚】桑村さや香【演】福士蒼汰、本田翼、野村周平ほか

『花束みたいな恋をした』（2021・東京テアトル、リトルモア）

——【監】土井裕泰【脚】坂元裕二【演】菅田将暉、有村架純ほか

『SUMMER NUDE』（2013・7〜、フジテレビ系）

——【脚】金子茂樹【演】山下智久、香里奈、戸田恵梨香ほか

『silent』（2022・10〜、フジテレビ系）

——【脚】生方美久【演】川口春奈、目黒蓮ほか

『好きな人がいること』（2016・7〜、フジテレビ系）

——【脚】桑村さや香【演】桐谷美玲、山﨑賢人、三浦翔平、野村周平ほか

『ひるなかの流星』（2017・東宝）

——【監】新城毅彦【原】やまもり三香【演】永野芽郁、三浦翔平、白濱亜嵐ほか

『あすなろ白書』（1993・10～、フジテレビ系）

――【原】柴門ふみ【脚】北川悦吏子【演】石田ひかり、筒井道隆ほか

『ブザー・ビート　～崖っぷちのヒーロー～』（2009・7～、フジテレビ系）

――【脚】大森美香【演】山下智久、北川景子ほか

＊【原】＝原作　【脚】＝脚本　【監】＝監督　【演】＝出演　を示す

柿谷浩一

（かきたに・こういち）

ポップカルチャー研究者・大学講師
1979年、富山県生まれ。早稲田大学総合人文科学研究センター招聘研究員。同大学ほかで無期非常勤講師。ドラマ賞審査員を歴任するなど、文学研究の視点を活かし、テレビドラマ考察を積極的に行う。
Twitter @prince9093

胸キュンの教科書

2023年8月4日 第1刷発行

著　者　柿谷浩一
発行人　蓮見清一
発行所　株式会社宝島社
〒102-8388
東京都千代田区一番町25番地
電話　営業：03-3234-4621
編集：03-3239-0928
https://tkj.jp
印刷・製本　サンケイ総合印刷株式会社

本書の無断転載・複製を禁じます。
乱丁・落丁本はお取り替えいたします。
©Kouichi Kakitani 2023
Printed in Japan
ISBN978-4-299-03738-1